ALTERNATIV HEILEN

Li Pak Tin studierte am berühmten Hong Kong Park Hawk Ming Institute Astrologie, Feng Shui, Hand- und Gesichtslesekunst. Nach über 20jähriger beruflicher Erfahrung, zuerst in Hong Kong und dann in England, wird Li Pak Tins Rat heute gleichermaßen von Privat- wie von Geschäftsleuten gesucht. Seine Ratschläge beziehen sich auf die spezielle Nutzung von Grund und Boden, vor allem aber auf die Gestaltung von Geschäftsgebäuden, Schulen oder Privathäusern, um den optimalen Energiefluß zu gewährleisten. Das vorliegende Buch hat Li Pak Tin zusammen mit seiner Schülerin Helen Yeap geschrieben.

Deutsche Erstausgabe November 1996
Copyright © 1996 für die deutschsprachige Ausgabe
Droemersche Verlagsanstalt Th. Knaur Nachf., München
Das Werk einschließlich aller seiner Teile ist urheberrechtlich geschützt.
Jede Verwertung außerhalb der engen Grenzen des Urheberrechts-
gesetzes ist ohne Zustimmung des Verlages unzulässig und strafbar.
Das gilt insbesondere für Vervielfältigungen, Übersetzungen,
Mikroverfilmungen und die Einspeicherung und Verarbeitung
in elektronischen Systemen.
Titel der Originalausgabe: »Feng Shui – Change your Life«
Copyright © 1995 by Li Pak Tin / Helen Yeap
Originalverlag: Oakwood Press, London
Umschlagillustration: Susannah zu Knyphausen
Satz: Ventura Publisher im Verlag
Druck und Bindung: Ebner Ulm
Printed in Germany
ISBN 3-426-76141-6

5 4 3

Li Pak Tin
Helen Yeap

Feng Shui
einfach gemacht

Aus dem Englischen
von Ilse Fath-Engelhardt

Knaur

Inhalt

I	Was ist Feng-Shui?	7
2	Häuser und Straßen	9
	Ch'i	12
3	Checkliste: Was beim Hauskauf zu beachten ist	30
	Wenn das Haus leer steht	30
	Häuserformen	31
4	Yin und Yang	32
5	Feng Shui und landschaftliche Merkmale	34
	Berge	34
	Wasser	41
	Luft	46
6	Die Haustür	49
	Die Wechselwirkung zwischen den Elementen	56
7	Die Wohnungseinrichtung	62
	Feng Shui und Reichtum	62
	Feng Shui und Liebe	63
	Feng Shui und Heirat	63
	Das Schlafzimmer	65
	Diele/Flur	75
	Das Wohnzimmer	76

Das Eßzimmer. 78
Die Küche 79

8 Geburtsjahrestabelle für die persönliche
Richtung 85

9 Zwei Berechnungsanleitungen 90
Beispiel einer 1958 geborenen Frau 91
Beispiel eines 1958 geborenen Mannes 92
Die Kreisdiagramme 95

10 Andere Richtungen –
andere Familienmitglieder 99

11 Allgemeine Feng-Shui-Einrichtungstips 102
Für das Jahr 1996 103
Für das Jahr 1997 106
Für das Jahr 1998 109
Für das Jahr 1999 112
Für das Jahr 2000 114

12 Anhang: Die Elemente 116

Register 122

1 Was ist Feng Shui?

Im Feng Shui, der traditionellen chinesischen Kunst der energiebezogenen Plazierung, geht es um die Feinabstimmung der unmittelbaren äußeren Umgebung mit dem persönlichen Ch'i, der Lebenskraft. Den sich aufgrund der Erdbewegung ständig ändernden astralen und magnetischen Einflüssen können auch wir Menschen uns nicht entziehen. Deshalb brauchen wir zur Führung eines harmonischen, glücklichen Lebens diesen Ausgleich, da jedes energetische Ungleichgewicht auf die Dauer Unheil und Verwirrung mit sich bringt. Wenn wir hingegen den freien Energiefluß zu fördern wissen, können wir direkt zu unserem beruflichen und privaten Wohlergehen beitragen.

Die meisten Menschen haben die Erfahrung gemacht, daß es in einem Haus »gemütliche«, »warme« und »ungemütliche«, »kalte« Plätze gibt. Feng Shui hilft zum Beispiel, ein Haus so günstig zu gestalten und einzurichten, daß man etwa nicht gerade dort eine zweite Toilette einbaut, wo der beste Arbeitsplatz gewesen wäre. Auch möchte man sein Bett oder Sofa wohl kaum an einem »kalten« Platz stehen haben, wenn dieser ungünstige Energien bände. Zur ausgleichenden und kompensierenden Feng-Shui-Praxis gehört ebenso die symbolische Lösung von Energiestaus durch gezielte Plazierung und Entfernung von Hindernissen.

An deutlichen Anzeichen, daß durch unbeachtetes Feng Shui ein Leben trostlos und elend verlaufen kann, mangelt es nicht. Glücklicherweise ist es für eine Korrektur fast niemals zu spät – daher rührt das hohe Ansehen des Feng-Shui-Experten, der mit Hilfe des Geburtsdatums und entsprechenden Energiemeridians die erwünschten Kompensationen errechnet.

Was könnte der einzelne Besseres tun, als bei seiner meist größten Investition in seinem Leben, dem Kauf eines Hauses oder einer Wohnung, doch auch bei der Wahl einer neuen Mietwohnung auf eine harmonische Landschaftseinbindung und Lage zu achten, die den Geist des Wohlbefindens, der Gesundheit und Langlebigkeit auf sich zu vereinen vermag. Aber auch wenn Sie nicht planen, Ihr Zuhause zu wechseln, können Sie korrigierend eingreifen, falls Sie ein Ungleichgewicht im Fluß der Energie entdecken. Dabei sollen Ihnen die nun folgenden praktischen Feng-Shui-Tips zur Ch'i-Harmonisierung helfen.

2 Häuser und Straßen

I

Das Haus schaut auf eine T-Kreuzung (suggeriert, daß eine Kanone darauf gerichtet ist): Die Bewohner sind anfällig für Krankheiten und unfallgefährdet.

Korrektur: die Haustür entweder auf eine andere Seite oder an der Vorderseite so versetzen, daß die Straße nicht mehr direkt auf sie zuläuft.

Alternativ kann auch eine niedrige Hecke oder ein kleiner Zaun als Puffer eingesetzt werden.

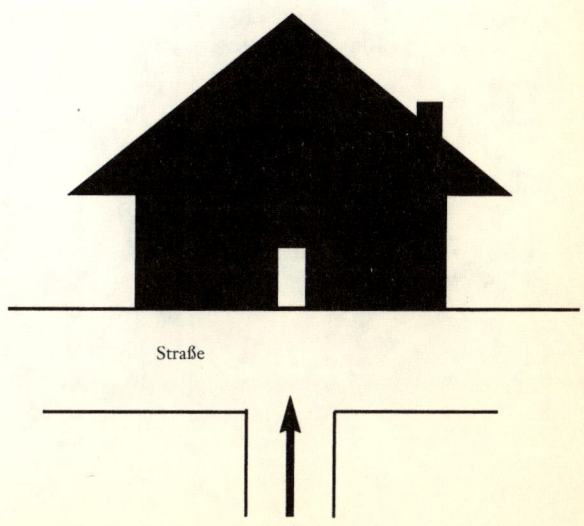

Straße

2

Auf die Rückseite läuft eine Straße zu (suggeriert ein »In-den-Rücken-Fallen«): »Klatsch« hinterm Rücken und schlechte Karriereaussichten, selbst wenn man gewissenhaft ist.

Korrektur: hinterm Haus einen Spiegel so befestigen (Wand/Zaun/Hecke), daß er diese Straße reflektiert.

Beachten Sie, daß Ch'i-Energie *positiv* wirkt, wenn sie im freien Fluß wie eine sanfte Brise alles streifen darf. Zur negativen Energie wird Ch'i, wenn man es in dunklen Spalten und Ecken stagnieren läßt. Es schadet, wenn es zu schnell und geradewegs kanalisiert wird. Es ist dann quasi so, als schlüge in Ihrem Haus der Blitz ein.

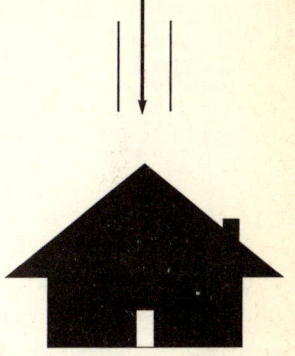

Dies erklärt, weshalb bei den Beispielen 1 bis 4 auf den Seiten 9 bis 12 ein wirksamer (wenn auch symbolischer) Puffer notwendig ist, etwa:

- Man befestigt einen runden Konvexspiegel über der Eingangstür zur Abwehr negativer Energie.
- Man pflanzt zur Pufferung eine niedrige Hecke oder setzt einen kleinen Zaun.
- Man verlegt die Haustür so, daß sie sich von der Zufahrtsstraße weg oder leicht versetzt zu ihr hin öffnet.

Aus demselben Grund helfen diese »Puffer« auch im Falle der Beispiele 5, 6 und 7 auf den Seiten 13 und 14.

Ergreifen Sie die für Ihren speziellen Fall praktischste Korrekturmaßnahme.

Ch'i

Ch'i ist die allgegenwärtige Lebenskraft; sie durchdringt Materie: Flüsse, Bäume, Straßen, Wohnungen und natürlich auch die Menschen.

Das Ziel von Feng Shui, der »Plazierungskunst«, ist es, soviel wohltuende Ch'i-Energie wie irgend möglich zu tanken und alles dem freien Ch'i-Fluß Hinderliche abzuwenden, zu meiden oder zu entfernen.

3

»Stößt« eine Straße im Winkel auf ein Haus, zerrinnt einem das Geld zwischen den Fingern.
Kommt sie von der rechten Seite (A), sind weibliche Bewohner unfallgefährdet. Kommt sie von der linken Seite (B), sind männliche Bewohner unfallgefährdet.
Korrektur: wie bei 1.

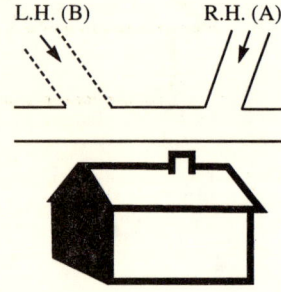

4

Hier kränkeln sowohl männliche als auch weibliche Bewohner und zanken sich ständig über finanzielle Angelegenheiten.
Korrektur: wie bei 1.

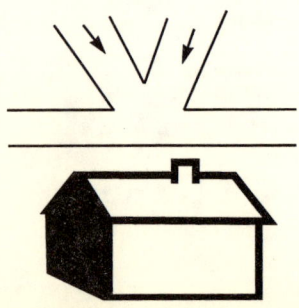

5

Schaut ein Haus auf eine Kreuzung (»X«-Markierung) oder
Abzweigung, besteht größere Unfallgefahr.
Korrektur: wie bei 1.

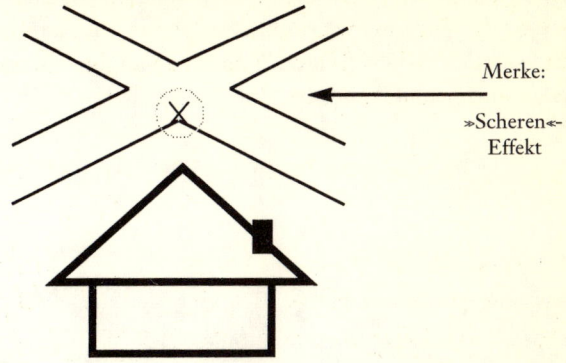

Merke:

»Scheren«-
Effekt

6

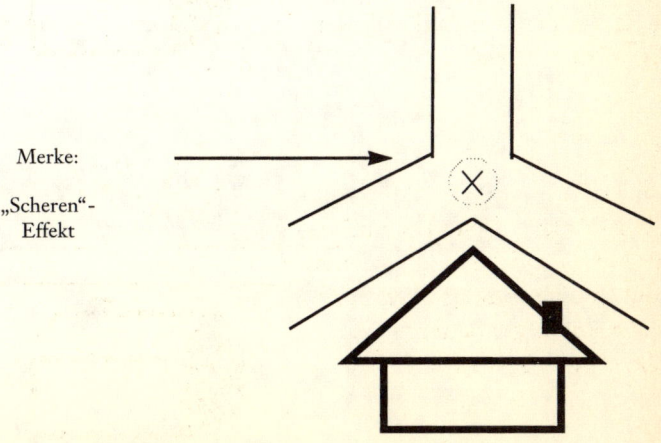

Merke:

„Scheren"-
Effekt

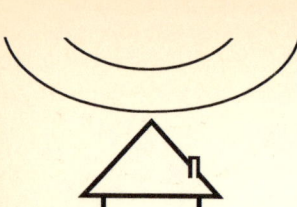

7

Bewohner von Häusern, die auf dem Scheitelpunkt einer halbkreisförmigen Straße stehen, werden sich in einer unsicheren finanziellen Situation befinden, ständig ein Vermögen machen und wieder verlieren. Außerdem neigen sie dazu, sich zu schneiden.

Korrektur: zwischen den Scheitelpunkt der Kurve und der Haustür einen niedrigen Busch pflanzen oder einen Zaun aufstellen.

8

Liegen in einem Haus in dieser Position die Schlafzimmer auf derselben Höhe wie eine Hochstraße, gilt das gleiche wie oben – im noch schlimmeren Ausmaß.

Korrektur: Plazieren Sie einen Konvexspiegel an der Außenwand.

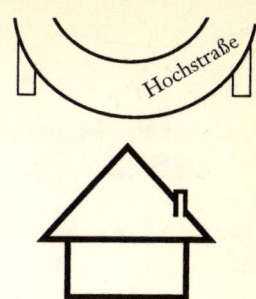

9

Schaut ein Haus auf eine stark befahrene Schnellstraße, zerrinnt den Bewohnern das Geld zwischen den Fingern, und es gelingt ihnen nicht, Ersparnisse anzusammeln.

Korrektur: wenn möglich, die Haustür auf die Seite verlegen.

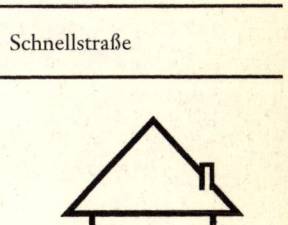

10

Steht ein Haus genau am Knick einer L-förmigen Straße (suggeriert ein Messer), »zerschneidet« diese Glück und Geld. Außerdem sind die Bewohner unfallgefährdet.

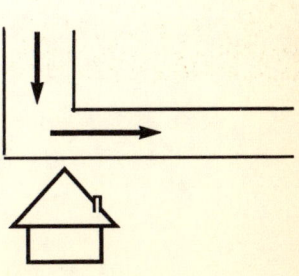

11

Ist ein Haus/Wohnblock unmittelbar von vier Kreuzungen umgeben, heißt dies, das Geld versickert in unterschiedlichen Richtungen und die Bewohner vermögen nichts anzusparen.
Korrektur: die Türschwelle um 3 cm anheben.

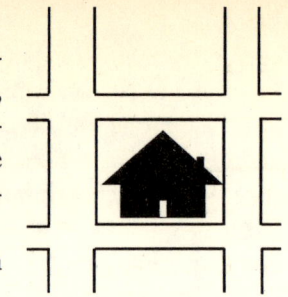

12

Häuser, die nahe einer »S«-Kurve liegen: Die Bewohner erfreuen sich des Wohlstands. Günstige finanzielle Aussichten.

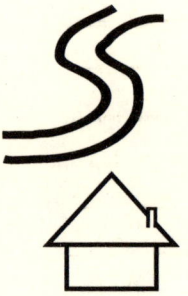

13

Bewohner von Häusern, die an den mit »X« markierten Stellen an einer halbkreisförmigen Straße liegen, werden viel Geld einnehmen. Die beste Position ist die am Scheitelpunkt.

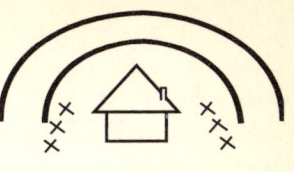

14

Bei Häusern (»X«) direkt an einer Kreisverkehrsstraße, die stetig fließendes Wasser bedeutet, läßt das Geld nicht lange auf sich warten.

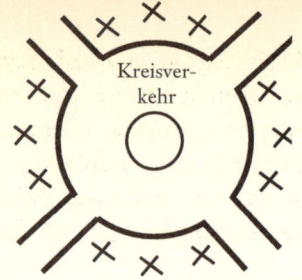

15

Weist eine gegenüberliegende Haus-
ecke direkt auf ein Schlafzimmerfenster, werden die Benutzer dieses
Schlafzimmers kränkeln.
Korrektur: in diesem Schlafzimmer
die Vorhänge zugezogen lassen.

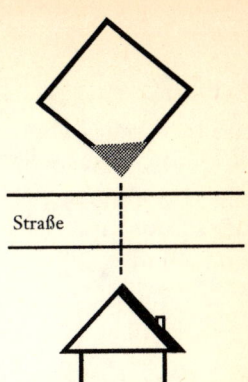

16

Reflektieren große, direkt gegenüberliegende Fenster das Sonnenlicht aufs Haus, führt das bei den Bewohnern zu schlechter Laune und
Streitsucht.
Korrektur: wie bei 15.

Lücke

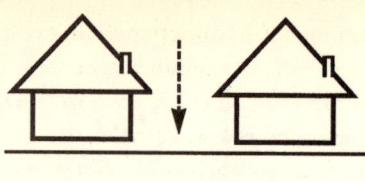

Bewohner eines Hauses, dessen Tür auf eine Lücke zwischen zwei gegenüberliegenden Häusern schaut, sind unfallgefährdet und ständig schwach und kränklich. Dies gilt nur, wenn die Lücke schmal und tief ist wie auf dem Foto gezeigt. Ansonsten wird keine negative Energie erzeugt.

Korrektur: mit Hilfe eines Konvexspiegels ablenken und/oder die Türschwelle um 5 cm anheben.

18

Deutet ein Gebäudeflügel oder Anbau eines gegenüberliegenden Hauses direkt auf die Vorderseite des Hauses, werden die Bewohner an Herzbeschwerden leiden.

Korrektur: goldfarbene Münzen unter die Schwelle der Haustür legen.

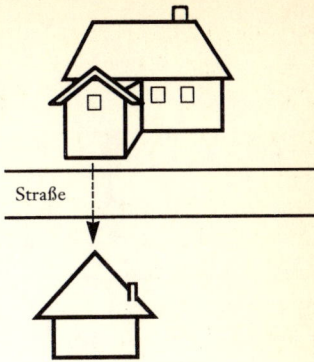

19

Ähnlich werden die Bewohner Herzbeschwerden bekommen, wenn eine Ecke des gegenüberliegenden Hauses auf das Haus gerichtet ist.

Korrektur: mit Hilfe eines runden Konvexspiegels ablenken.

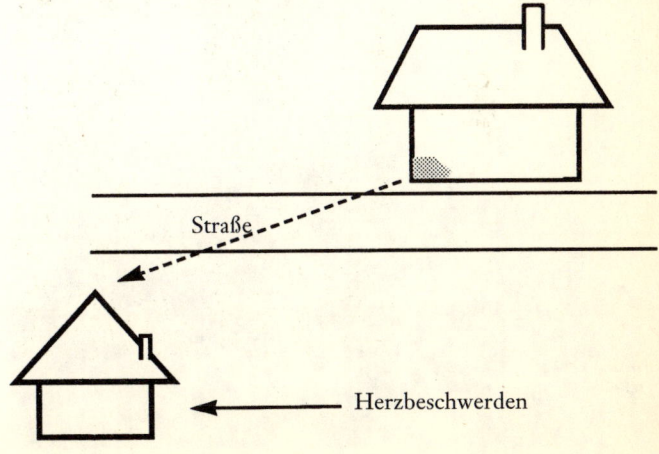

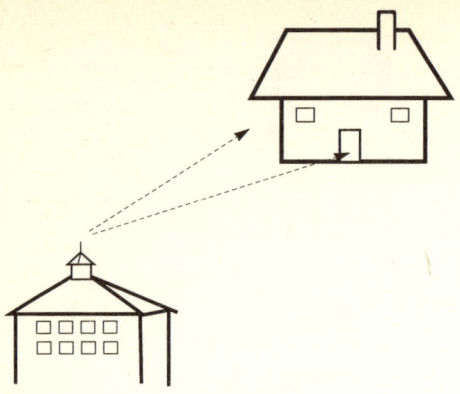

Schaut eine Dreieckskonstruktion vom gegenüberliegenden Haus auf die Haustür oder ein Schlafzimmerfenster, sind die Bewohner dieses Hauses oder Schlafzimmers unfallgefährdet. *Korrektur:* Netzvorhänge im betroffenen Schlafzimmer aufhängen.

21

Bewohner von Häusern direkt an der Innenseite einer L-förmigen Straßenkurve geraten mit anderen oft wegen Kleinigkeiten aneinander.

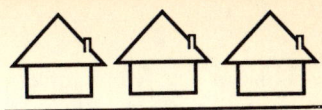

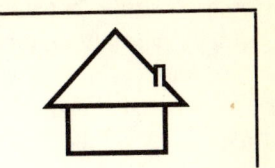

22

Bewohner von Häusern gegenüber einem Friedhof, Krankenhaus oder einer Leichenhalle werden von einer Reihe unspezifischer Krankheiten heimgesucht und sind für Alpträume anfällig.
Korrektur: ein Licht Tag und Nacht brennen lassen.

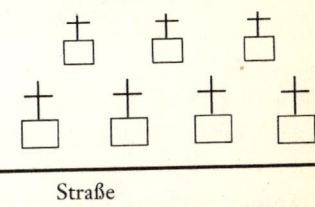

Straße

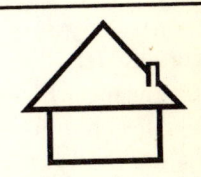

23

Liegt ein Haus einem sehr großen Gebäude direkt gegenüber, werden die Bewohner oft zum Opfer eines Betrugs. Kein Geld ausleihen!

sehr großes Gebäude

Straße

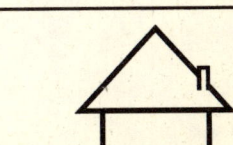

24

In Häusern mit Blick auf eine Wölbung oder Kuppel (wenn sie direkt gegenüberliegt) werden Kinder Verhaltensstörungen bekommen.

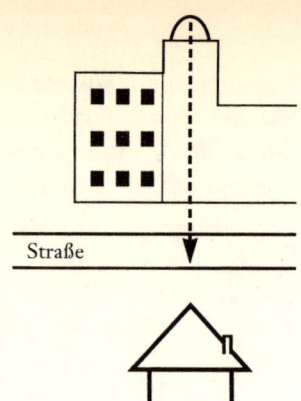

Achten Sie darauf, daß die Kuppel nicht vom Kinderzimmer aus zu sehen ist.

Sie könnten die Zimmer tauschen, da für Erwachsene Kuppelformen unproblematisch sind.

25

Schaut das Haus direkt auf eine schachtförmige Einfahrt, wird es den Bewohnern gesundheitlich sehr schlecht gehen, und sie werden beruflich nicht ihr volles Leistungspotential erreichen.

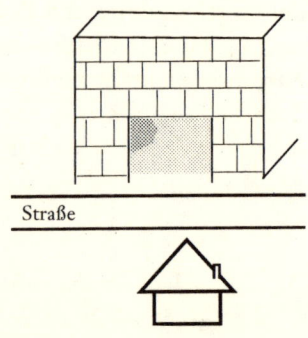

Korrektur: die Haustür so verlegen, daß sie sich nicht mehr direkt zur Einfahrt hin öffnet.

26

Liegt einem Haus ein Hochspannungsmast direkt gegenüber, macht das die Bewohner krankheitsanfällig, und es besteht erhöhte Brandgefahr.
Korrektur: mit einem achteckigen Spiegel ablenken. Spiegel über der Haustür aufhängen.

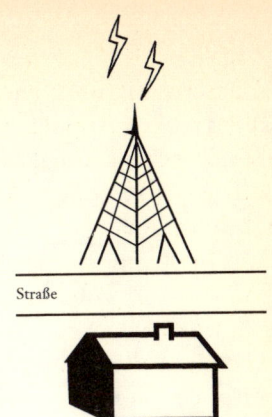

Straße

27

Liegt rechter Hand neben dem Haus ein großes, hohes Gebäude, führt das unter den Bewohnern zu ständigen Streitigkeiten.
Korrektur: einen Kristall vor das Schlafzimmerfenster hängen, der tanzende Sonnenlichtpunkte an die Schlafzimmerwände wirft.

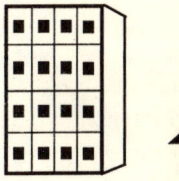

28

Wird das Haus auf beiden Seiten von einem etwa gleich
großen/größeren/separaten Haus flankiert, ist Hilfe stets bei
der Hand.

29

Eine Kirche direkt gegenüber einem Haus macht die Bewohner hitzig und sehr einsam.
Sie leiden nicht darunter, wenn die Kirche 30 m entfernt
steht.

Straße

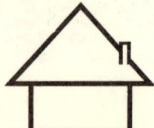

Ein Lampenpfosten unmittelbar gegenüber der Haustür führt zu Rechtsstreitigkeiten und schlechter Gesundheit.

Korrektur: mit einem Konvexspiegel ablenken.

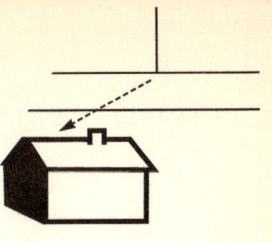

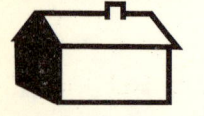

Straße

Ähnlich verhält es sich mit einem Baum unmittelbar gegenüber der Haustür.

Korrektur: mit einem runden Konvexspiegel ablenken.

Beachten Sie, daß sämtliche Korrekturmaßnahmen entweder zur Empfangsverbesserung, also zur Bündelung positiver Energie da sind oder aber negative Einflüsse ablenken.

Für sämtliche Beispiele gilt, daß über 30 m entfernte Hindernisse (wie Kamin, Lampenpfosten, Hochspannungsmast, Friedhof, etc.) das Haus nicht mehr beeinflussen. Am größten ist der Einfluß solcher äußerer Hindernisse nur dann, wenn sie sich direkt gegenüber der Haustür befinden. Aus diesem Grund werden Haustüren oft zur Seite versetzt, weg vom unmittelbar gegenüberliegenden Hindernis.

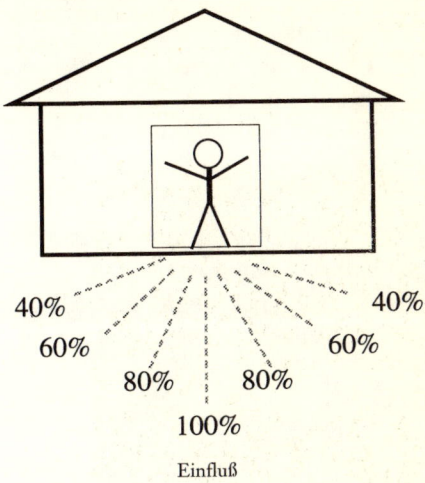

Einfluß

3 Checkliste: Was beim Hauskauf zu beachten ist

Häuser mit folgenden Charakteristiken sollten nur dann gekauft werden, wenn das eigene Geburtsdatum zum »Wan« (siehe Seite 43) des in Frage stehenden Objekts paßt *und* mit dessen Elementarzuordnung harmoniert. Alternativ kann ein Feng-Shui-Experte zur Mängelkorrektur zu Rate gezogen werden.

Bringen Sie den *Verkaufsgrund* in Erfahrung, ob eine plötzliche Zahlungsunfähigkeit dahintersteckt.
(Dies ist nur dann akzeptabel, wenn die Zahlungsunfähigkeit auf eine allgemeine Wirtschaftskrise zurückzuführen ist.)

Wenn das Haus leer steht

Sind die Vorbesitzer im hohen Alter verstorben, ist dies eine natürliche Begebenheit. Sollte der frühere Besitzer jedoch durch einen Unfall oder vor seinem vierzigsten Lebensjahr gestorben sein, ist vom Kauf abzuraten, wenn man nicht das gleiche Schicksal erleiden möchte.

Ist mehr als einmal ein Brand aufgetreten, ist das ein starkes Anzeichen dafür, daß es sich um einen feuergefährdeten Standort handelt.

Steht das Haus über einer unterirdischen Wasserleitung, so daß genau unterhalb der Haustür das Wasser wegfließt, versinnbildlicht das einen ständigen Abzug der häuslichen finanziellen Quellen.

Von Immobilien über unterirdischen Tunneln ist abzuraten, da die von dort herrührenden periodischen Erschütterungen eine allgemeine Untergrabung aller Anstrengungen versinnbildlichen.

Häuserformen

Häuser entsprechen direkt den fünf Elementen.
Zum Beispiel ist ein Haus mit einem runden oder halbrunden Grundriß ein *Metall*-Haus;
hoch oder L-förmig ist es ein *Holz*-Haus;
dreieckig angelegt ein *Feuer*-Haus;
quaderförmig ein *Erde*-Haus;
mit vielen Unregelmäßigkeiten ein *Wasser*-Haus.

Ein *Metall*-Haus ist ideal für kaufmännisch Gesinnte und Hobbyspekulanten. Der Erfolg stellt sich innerhalb der zwanzigjährigen Wohlstandsphase rasch ein, danach geht es deutlich bergab.
Bei einem *Wasser*-Haus steigt und fällt das Glück in raschem Wechsel wie Ebbe und Flut. Diese Unbeständigkeit führt zu keinen sicheren finanziellen Verhältnissen.
Ähnlich verhält es sich mit einem *Feuer*-Haus. So wie die Flammen züngeln, flukturieren darin auch die Gesundheit und die finanzielle Situation der Familie.

Die besten Häuser sind folglich diejenigen des stoischen *Holz*- und *Erde*-Typs.

4 Yin und Yang

Dies sind die polaren Gegensätze allen Daseins.

Yang verkörpert die lebhafte, pulsierende Energie des Drachen.

Yin symbolisiert die friedliche Stille des schlafenden Tigers.

Yin und Yang sind komplementäre Kräfte, die durch ihre ständige Wechselwirkung Veränderung hervorbringen.

Befindet sich ihre Wechselwirkung im Gleichgewicht, herrscht *Harmonie*.

Beispiel: Eine flache Landschaft läßt sich mit Sträuchern, Rosenbögen und Steingärten harmonisieren.

Yang-Elemente:	*Yin-Elemente:*
Menschen	Häuser
Tiere	Bäume, Wald, kleine Hügel
Helligkeit	Dunkelheit
Kunstlicht	unbelebte Gegenstände

Empfindet man vor dem Eintritt in ein Haus »Dunkelheit«, bedingt durch dichtes Blattwerk, verwilderte Heckenzäune etc. oder durch eine nah angrenzende Waldung, kündet das von einer Yang-Blockade. Ein Feng-Shui Sprichwort lautet: »Besucht die Sonne nicht dein Haus, tut es der Arzt.«

Allgemein gilt also: je mehr Fenster, desto besser.

Glücklicherweise kann man durch Klein- bzw. Bullaugenfenster etc. sofort für Abhilfe sorgen.

Bei zu vielen *Fenstern* besteht jedoch die Gefahr, daß sich sämtliche Luftströme vermischen. Man sollte also nicht alle Fenster gleichzeitig öffnen.

Ein Fenster mit Ausblick auf eine *runde* Satellitenschüssel entzieht den Hausbewohnern Energie. Zur Korrektur kann man Zimmerpflanzen vor das Fenster stellen oder einen Vorhang aufhängen, dieser braucht aber nicht zugezogen zu sein.

Fenster mit Blick in benachbarte Gärten, vor allem wenn dort häufig Damenunterwäsche hängt, bringen zuviel Yin.

Bleiben Sie Spielhallen fern. Hängen Sie an beiden Fensterseiten Vorhänge auf (sie brauchen nicht zugezogen zu sein). Ist die Wäscheleine 30 m entfernt, hat sie keinen Einfluß mehr auf das Haus.

5 Feng Shui und landschaftliche Merkmale

Feng Shui heißt wörtlich übersetzt einfach *Wind und Wasser*. Beim Feng Shui werden die Gestalt der Hügel und die Richtung der Wasserläufe, das Ergebnis der Formkräfte von Wind und Wasser, berücksichtigt.
Berge bzw. Hügel bieten einen Aussichtspunkt und schützen vor rauhen Winden, während Wasser den Boden nährt.

Für die alten Chinesen waren Berge Herrscher über die Menschen, Wasser gebot über den Geldfluß. Ein Haus durfte nur dort gebaut werden, wo sowohl ein Berg als auch Wasser vorhanden war. Niemand hätte ein Haus an einem Ort gebaut, dem eines dieser beiden Merkmale gefehlt hätte.

Landschaftsmerkmale wie Flüsse und Berge haben große Bedeutung, sei es an sich oder in versinnbildlichter Form. So stellen zum Beispiel große Gebäude Berge dar, Straßen Flüsse.

Berge

In der Feng-Shui-Fachsprache gelten also auch große Gebäude in der unmittelbaren Umgebung eines Hauses als »Berge«. Berge spielen eine wichtige Rolle, da sie Unterstützung und Herrschaft symbolisieren. Ein Haus darf dann als Berg be-

trachtet werden, wenn es größer ist als das untersuchte Haus. Die Unterstützung eines Berges äußert sich folgendermaßen: Menschen tun etwas für Sie,
erkennen Ihre Ideen an und greifen sie gerne auf,
sind fähig und willens, sich um Sie zu kümmern.

Ein Berg hinter einem Haus bedeutet, daß die Bewohner ein Vermögen erben werden. Ein einzeln stehendes Haus (das heißt, wenn die Häuser links und rechts in einiger Entfernung stehen) bekommt weder von rechts noch von links »Hilfe«. Folglich müssen die Bewohner ein starkes Selbstbewußtsein entwickeln.

Und was ist dann ein »guter« Berg?
Wieder gibt es eine Entsprechung zu den fünf Elementen:

Ein *Metall*-Berg hat eine flache Kuppe;

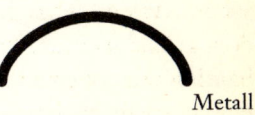

Metall

ein *Holz*-Berg ist lang und schlank;

Holz

ein *Wasser*-Berg erinnert an Wogen;

Wasser

ein *Feuer*-Berg ist scharfkantig;

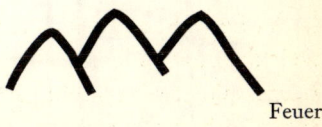

Feuer

35

ein *Erde*-Berg hat Plateauform.

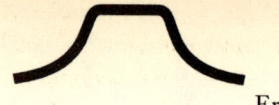

Erde

Außer dem *Feuer*-Berg bringen alle Bergformen Glück. Zu beachten ist allerdings, daß die Berggipfel keine Felsenkronen und die Gebäude keine gezackte Silhouette haben dürfen (zum Beispiel Antennen, Neonreklamen etc.).
Korrektur: diese hinter Netzvorhängen verbergen. Ansonsten kann zur Neutralisierung dieser negativen Charakteristika auch ein runder Konvexspiegel an der Außenwand aufgehängt werden.

Felsige oder zerklüftete Berggipfel und Silhouetten hinter einem Haus würden bedeuten, daß ständig hinter Ihrem Rücken geredet wird, daß man sich Feinde macht und mit Vorgesetzten Streitigkeiten hat. Innerhalb der Familie hätte man ständig mit Hautproblemen, Magenbeschwerden und Masern zu tun.
Bewohner insbesondere von Häusern, die Richtung Süden direkt auf »schlechte« Berge schauen, neigen zu schwachen Augen und Augenkrankheiten.

Felsige Berge hinter einem Haus machen den Bewohnern Ärger, und jeder, der auf solche Berge ausblickt, wird Probleme mit den Augen bekommen.

Korrektur: Diesen Ausblick hinter Netzvorhängen verbergen.

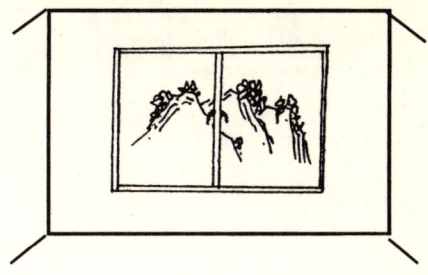

Angrenzende Häuser

Fehlen Berge, stellen die angrenzenden Häuser die Hügel dar. Links herrscht der *grüne Drache* – bzw. seine Analogie –, der den männlichen Einfluß verkörpert, und rechts seine weibliche Entsprechung, der *weiße Tiger*.

Stehen bei einer Häuserreihe oder miteinander verbundenen Häusern rechts größere Häuser oder stehen sie enger zusammen oder sind es mehr, dann herrscht der weiße Tiger, das heißt, die Frau des Hauses führt das Wort.

Und umgekehrt gilt, wenn die Häuser zur Linken näher stehen, überwiegt der männliche Einfluß.

Zum Beispiel: Bei größerem Drachen und kleinerem Tiger ist der Mann der »Boß«.

TIGER ZUR RECHTEN   DRACHE ZUR LINKEN

Ein »gutes« Haus hat:
hinter sich einen *Metall*-Berg (das heißt, es fehlt einem nicht
an Hilfestellungen),
zur Linken einen Drachen,
zur Rechten einen Tiger.

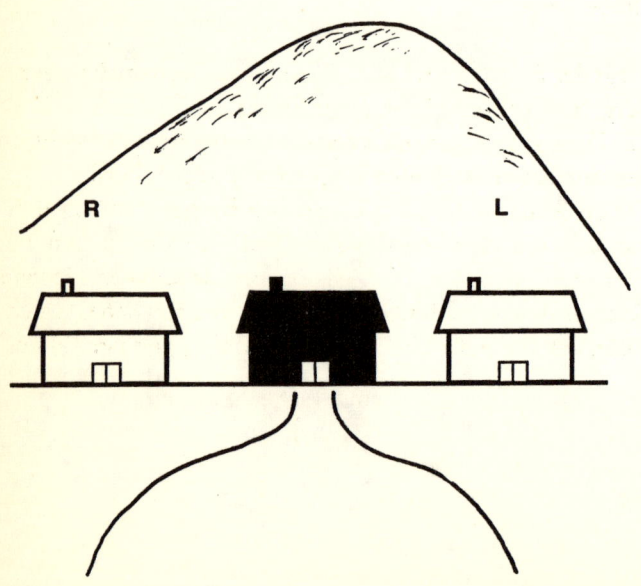

Stehen bei einer Reihe von drei Häusern links zwei Drachen, bedeutet das trotz fehlender Tigerin 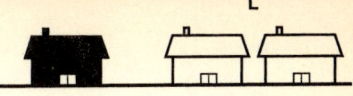 Glück, aber es stellt sich tröpfelnd ein.

Umgekehrt können die Bewohner ebenfalls keine unverhofften Glücksfälle erwarten, wenn in einer Reihe von drei Häusern zwei Tiger sind usw., der Tiger also stärker ist als der Drache.

Straße/Berge

Liegt der Boden 3 cm höher als das Haus, entspricht er einem Berg, liegt er 3 cm tiefer, einer Straße.

Ein Haus gilt als gesund, wenn die Straße, an der es steht, weder eine Kurve noch eine lange Straße gegenüber hat.

Ein großzügiger Vorplatz bringt eine bessere Luftzirkulation mit sich; die Hausbewohner werden jene kleinen Annehmlichkeiten genießen, die das Leben lebenswert machen. Schmale Vorplätze hingegen sind ein verräterisches Zeichen dafür, daß die Bewohner gestreßt, unruhig und nervös sind.

Die ideale Lage ist folglich:
hinten ein Berg/großes Haus, vorne viel Platz.

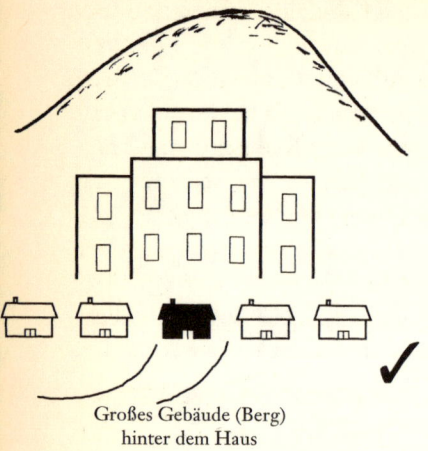

Befindet sich hinter dem Haus eine Häuserreihe, kann man noch mit ständiger Unterstützung rechnen, Bewohner von Häusern, hinter denen ein Park oder offenes Land angrenzt, werden aber keine Unterstützung bei ihren Unternehmungen finden.
Korrektur: Sträucher im Garten anpflanzen, ihn niedrig umzäunen.

Großes Gebäude (Berg) hinter dem Haus

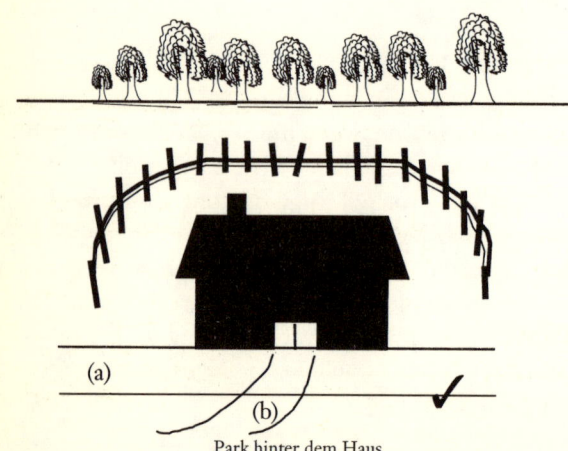

Park hinter dem Haus

Die Straße darf (a) gerade am Haus vorbeiführen oder (b) in einer leichten Kurve einmünden, aber sie darf nicht senkrecht auf das Haus zuführen (wie bei einer T-Kreuzung oder Beispielen des In-den-Rücken-Fallens).

Wasser

Im Feng Shui spielt Wasser eine Hauptrolle. Als Feng-Shui-Begriff bezieht es sich wie gesagt auf die finanzielle Situation. In Innenstädten ist schwer feststellbar, ob Häuser auf Wasser schauen oder nicht. Doch bedeuten auch Straßen »Wasser«. Einige Menschen stellen in ihren Vorgärten Springbrunnen auf, um dadurch Reichtum anzuziehen.

Es gibt, entsprechend den fünf Elementen, fünf verschiedene Wasserformen, die sich auf die finanzielle Situation beziehen. Wenn also der Straßenverkehr/die Passanten oder ein Fluß vor Ihrem Haus folgendermaßen strukturiert sind, heißt dies:

Metall-Wasser
Kleine Wellenringe bedeuten
wachsenden Reichtum.

Holz-Wasser
Lange Rillen weisen auf die
Unfähigkeit hin, Geld zu sparen.

Kleinwelliges Wasser ist der
Schaffung eines Vermögens
förderlich.

Feuer-Wasser
Dreiecksspitzen haben dieselbe
Bedeutung wie *Erde*-Wasser.

Erde-Wasser
Kleine Rillengruppen deuten
auf den Ruin von Verschwendern hin.

Fließt das Wasser oder der Verkehr auf Ihrer Straße dünn und übersichtlich, wird bei Ihnen das Geld langsam, aber sicher hereinkommen.

Ein leichter Schwung bedeutet, daß Ihnen Geld zufließen wird. Und sollten ein Fluß oder eine Straße um Ihr Haus herumführen, besteht eine starke Tendenz zu großen Ersparnissen.

Ist die Flußrichtung des Wassers für den gegenwärtigen 20-Jahre-Zyklus glückverheißend, werden Sie rasch finanziell Erfolg haben.

Bei verschmutztem Wasser wird man jedoch stets mit unpassenden Strategien Reichtümer zu erwerben suchen. Zudem werden die Bewohner nicht nur ihr Geld vergeuden, sondern

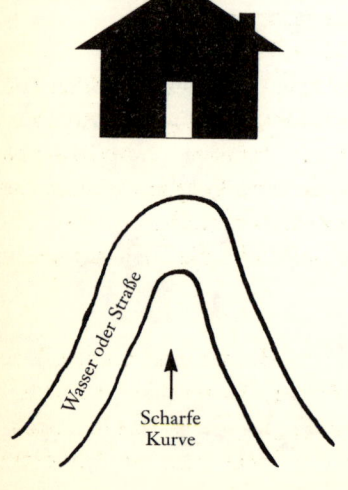

Scharfe Kurve

auch unter schlechter Gesundheit leiden. Noch schlimmer ist es bei Häusern, die auf ein tosendes Wasser oder eine verkehrsreiche Straße schauen. Dort kommt es zu schlimmen finanziellen Einbußen und Familienstreitigkeiten. Häuser, die an einer Flußschleife oder Straßenkurve liegen, meidet man am besten, da hier das Vermögen schwinden soll: In der Krümmung wird eine

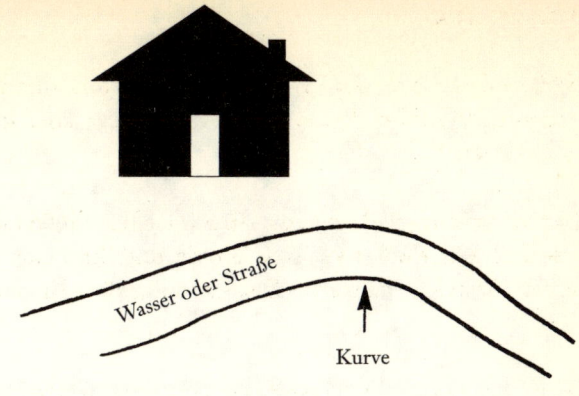

Wasser oder Straße

Kurve

Sichel gesehen, die günstige Gelegenheiten »nieder-
mäht«.
Korrektur: ein niedriges Tor zwischen Haustür und Straße setzen.

»Tong Wan«: die glückverheißende Richtung

Wan bezieht sich auf den *Richtungswechsel*, der in Zyklen von
zwanzig Jahren berechnet wird. Denn man geht davon aus,
daß die »guten« und »schlechten« Positionen innerhalb von
zwanzig Jahren die Richtung ändern. Folglich nimmt das
Hausglück in zwanzigjährigen Zyklen zu und ab.
Zur Angabe des Richtungswechsels siehe die Diagramme auf
Seite 45.

Es stimmt nicht, daß der Blick aufs Wasser immer nur Glück
bringt. Außer der bereits erwähnten Wasserqualität und Er-
scheinungsform des Wassers ist das Tong Wan des betreffenden Jahres ebenfalls maßgeblich. Sucht man ein Haus mit

Flußblick, sollte deshalb zuerst geprüft werden, ob die Flußrichtung günstig ist.

Wie das Diagramm zeigt, ist für 1996 die *östliche* Flußrichtung tong wan. Das heißt, man wird sich vermutlich eine »goldene Nase« verdienen, wenn das Haus auf einen Fluß oder eine Straße blickt, die nach Osten geht. Umgekehrt sind finanzielle Einbußen zu erwarten, wenn die Vorderseite des Hauses sowohl nach *Westen* als auch auf Wasser schaut. Kein Wunder, wenn in der Nachbarschaft just zu Beginn eines neuen Zwanzig-Jahres-Zyklus eifrig Schmuckbrunnen oder Steingärten in den Vorgärten angelegt werden.

Stimmen sämtliche Wasserfaktoren, geht es den Hausbewohnern in der Regel finanziell sehr gut. Und die finanzielle Lage ist selbst dann noch gut, sollte das Wasser verschmutzt sein und riechen, doch wird das Geld auf dubiosen Wegen verdient werden.

Tong-Wan-Diagramm für das Wasser

1984–2003
Beste Richtung (A)   *Osten*
Gute Richtung (B)   *Südwesten*

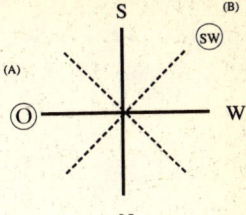

2004–2023
Beste Richtung (A)   *Südosten*
Gute Richtung (B)   *Osten*

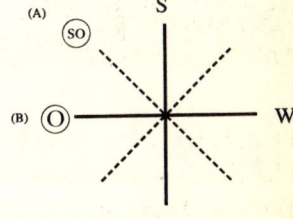

2024–2043
Beste Richtung (A)   *Norden*
Gute Richtung (B)   *Südosten*

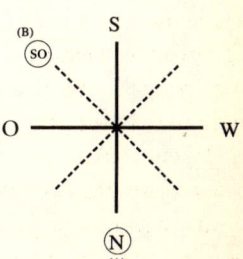

Beispiel 1996

Der Blick aufs Wasser ist am günstigsten Richtung *Osten*, das heißt, die ideale Lage für 1996 bis 2003 ist:

Haus mit der Rückseite nach Westen, Haustür nach Osten mit Blick aufs Wasser.

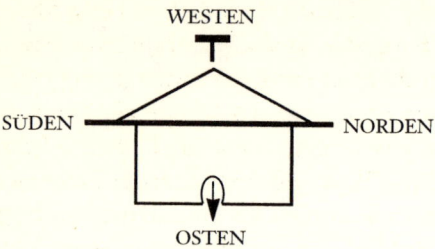

Luft

Die fundamentale Bedeutung »guter Luft« läßt sich gar nicht genug betonen, deren Fehlen das Glück um fast ein Drittel schmälert, *selbst wenn* günstige Berge (Gebäude) und Flüsse (Straßen) vorhanden sind.

Es gibt drei verschiedene Luftformen:

»*Wong-Hei*«-Luft bedeutet ausgezeichnete Aussichten auf Reichtum.

»*Sang-Hei*«-Luft ist dünn und leicht; der Erfolg stellt sich daher schrittweise ein.

»*Choon-Hei*«-Luft ist Wind, weshalb sie vorteilhafter als »*Sang-Hei*«-Luft ist.

Wie bereits gesagt, bezieht sich das Tong Wan auf den Richtungswechsel des Energiemeridians nach jeweils zwanzig Jah-

ren; in anderen Worten, jedes Wan (jede zwanzigjährige Zeitspanne) erstreckt sich in eine andere Richtung.

Vergleichen Sie das Datum Ihres Hauskaufs mit den Jahresan-
gaben der *Luft*-Tabelle (siehe unten). Angenommen, Sie kauf-
ten im Jahr 1994 ein Haus. Dieses Jahr fällt unter das siebte
Wan, das heißt die Jahre 1984 bis 2003.

Folglich ist der *Westen* die förderlichste Feng-Shui-Richtung;
am zweitbesten ist der *Nordosten* und am drittbesten der *Süden*.
Möchte man ein Haus für die nächsten vierzig Jahre behalten,
empfiehlt sich nach der *Luft*-Tabelle ein Haus, das aus der
Nordost-Richtung Nutzen zieht (denn es überschneidet sich
mit dem achten Wan), oder im anderen Fall eines mit *Süd*-
Ausrichtung, wenn man es für die nächsten sechzig Jahre behalten möchte (weil sich die glückverheißende Richtung vom
siebten durchs achte bis ins neunte Wan erstreckt).

Die Luft-Tabelle

Finanzielle Aussichten		Beste Form: Wong Hei	Gute Form: Choon Hei	Günstige Form: Sang Hei
Jahr	Zeitraum			
1864–1883	1.Wan	N	SW	O
1884–1903	2.Wan	SW	O	SO
1904–1923	3.Wan	O	SO	MITTE
1924–1943	4.Wan	SO	MITTE	NW
1944–1963	5.Wan	MITTE	NW	W
1964–1983	6.Wan	NW	W	NO
1984–2003	7.Wan	W	NO	S
2004–2023	8.Wan	NO	S	N
2024–2043	9.Wan	S	N	SW

Stellen Sie sich zur Bestimmung der Luft-Richtung in die Haus- bzw. Wohnungsmitte – ganz gleich, ob Sie von dort aus die Haus- bzw. Wohnungstür sehen oder nicht –, und wenden Sie sich in Richtung Haustür. Wenn Ihre Haustür direkt nach Westen zeigt, dann haben Sie im gegenwärtigen siebten Wan »Wong-Hei«-Luft. Sollte sich die Haustür in eine andere Richtung öffnen, was ja in den meisten Fällen zutrifft, dann können Sie mit folgenden Feng-Shui-Korrekturen für Abhilfe sorgen: Machen Sie ein Zimmer zur Ihrem Schlafzimmer, dessen Tür sich in Abschnittsrichtung 1, 2, 3 oder 4 Ihres persönlichen Kreisdiagramms öffnet. Gibt es kein solches Zimmer, dann stellen Sie Ihr Bett in Abschnitt 1, 2, 3 oder 4 des Zimmers Ihrer Wahl auf.

»Mitte« bedeutet, daß die Haustürrichtung nicht so wichtig ist, solange die zur Tür hereinkommende Luft leicht die Hausmitte erreicht.

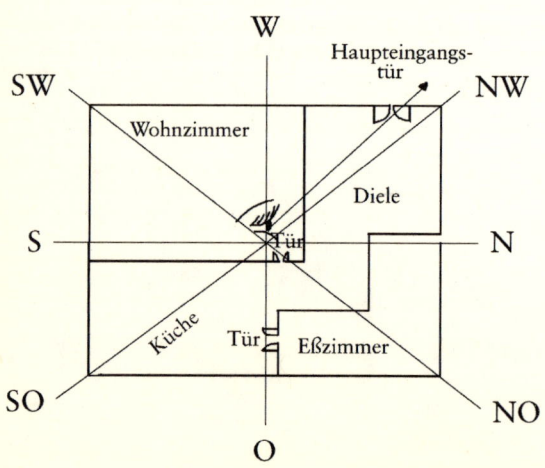

6 Die Haustür

Mit der Haustür steht das Vermögen in Verbindung.

Im Feng Shui spielt die Ausrichtung der Haustür eine wesentliche Rolle, da durch sie Lebensenergie eingelassen oder abgewiesen wird und damit Gesundheit, Glück und Wohlstand.

Die Lage des Hauses und die Richtung, in die es blickt, sind entscheidend. Die beste Haustürposition ist die Mitte. Diese Positionierung ist aber nicht allgemein üblich.

Die eintretende *Luft* muß dem Tong Wan entsprechen (glückverheißend gerichtet sein). Liegt die Haustür so, daß weder Drache noch Tiger Luft holen können, tritt Stickigkeit auf, was das Potential zur Vermögensbildung stark einschränkt. Deshalb ist die Positionierung und Ausrichtung der Haustür in Beziehung zur *Luft* von größter Wichtigkeit.

Damit der Drache und der Tiger ungehindert *Luft* zugeführt bekommen, sollte die Haustür der Verkehrsrichtung nicht entgegenstehen:

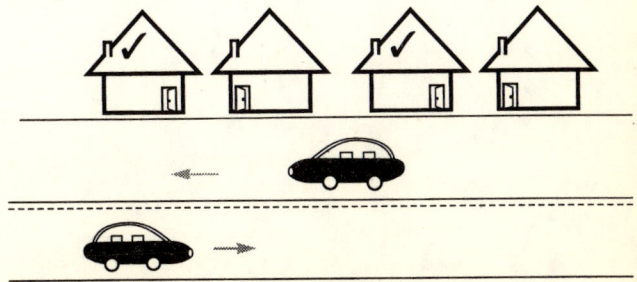

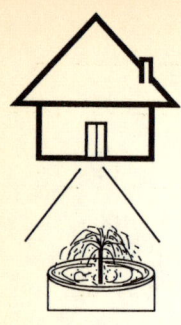

Sehr gut ist ein Park oder ein diesem ähnlicher großer Platz vor dem Haus, da dies die freie Luftzufuhr fördert. Dann ist sogar die Verkehrsrichtung irrelevant. Vorausgesetzt, die Luft entspricht den Tong Wan, bleibt ein Haus selbst dann noch attraktiv, wenn das Wasser fehlt.

Ideal ist ein Park, großer Platz oder Brunnen vor dem Haus, durch die die Verkehrsrichtung gegenstandslos wird.

Am wichtigsten ist, daß Ihre Haustür dem Tong Wan entspricht, also in die für die gegenwärtige Zeitspanne günstigste Richtung schaut, so daß sie Wang-Hei-, Sang-Hei- oder Choon-Hei-Luft hereinlassen kann.

Beispiel: Laut Tabelle auf Seite 47 liegt 1996 im siebten Wan.

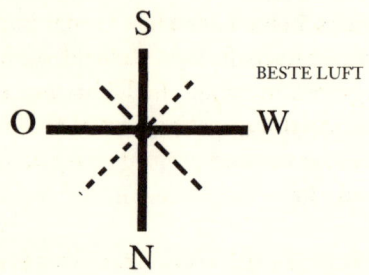

BESTE LUFT

OSTEN

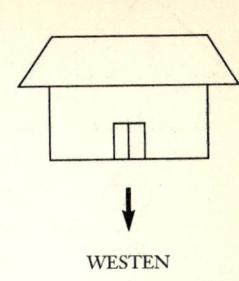

WESTEN

Beste Ausrichtung: Die Rückseite des Hauses schaut nach Osten und die Haustür nach Westen.

Vorausgesetzt, Ihr Haus schaut in die für die momentane Zeitspanne gültige Richtung (überprüfen Sie dies anhand der Tabelle auf Seite 47), wird Ihr Glück wahrscheinlich überwältigend sein. Es ist dann gegenstandslos, ob Ihre Haustür mittig oder seitlich plaziert ist. Selbst wenn einem Haus Wasser fehlt, wird es noch ein im Grunde gesundes Haus sein, solange es »gute« Luft empfängt.

Vergleicht man die Vorderseite eines Hauses mit einem menschlichen Gesicht, entspricht die Haustür dem Mund, und als solcher beeinflußt sie das Feng Shui des Hauses maßgeblich.

Die Japaner scheinen derartige Gestaltungsfaktoren ebenfalls hoch einzuschätzen. Es ist auffallend, daß man sich dort in der Autodesignforschung auf die Kühlergestaltung konzentriert. Die Marktforschung hat gezeigt, daß Modelle mit »Trauermund«-Kühlern selten gekauft werden, weil man sie für »deprimierend« hält.

Auf die Haustür wird besonderer Wert gelegt, da sie von allen Bewohnern täglich mehrfach benutzt wird. Händler, der Postbote, selbst Fremde kommen dorthin.

Flankieren die Haustür Fenster, kann eine schlechte finanzielle Lage zum Beispiel auch daran liegen, daß die günstigen Winde durch sie wieder hinausgelangen.

Korrektur: auf die Fensterbretter winterfeste, rundblättrige Pflanzen stellen, um das Glück im Haus zu halten.

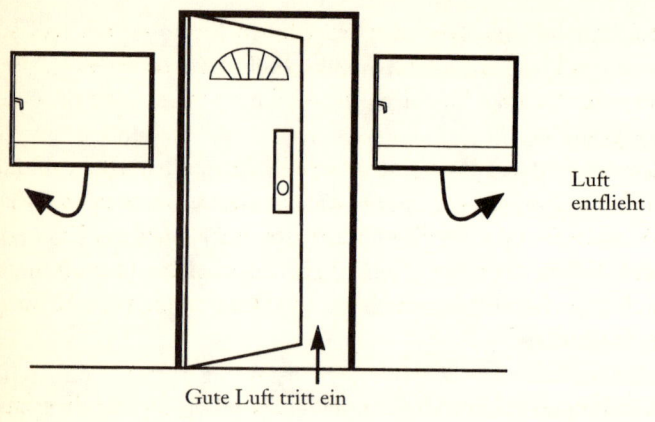

Luft
entflieht

Gute Luft tritt ein

Stellen Sie Pflanzen auf die Fensterbänke

Besonders in großen Häusern kann es vorkommen, daß sich das zirkulierende Ch'i durch zu viele Öffnungen verliert. Am besten läßt man immer nur fünf Türen offenstehen und schließt die restlichen Türen (beispielsweise Schlafzimmer-, Toiletten-, Küchentür), je nachdem, wo man sich gerade aufhält.

Toilettenluft »steht« im übertragenen Sinne – man will sie nicht im Haus zirkulieren lassen. Befindet sich direkt gegenüber der Haustür eine Toilette, wird der »Wohlstand dauernd fortgespült«.
Korrektur: einen Paravent vor die Toilettentür stellen, so daß sie beim Betreten des Hauses nicht mehr als erstes sichtbar ist. Wenden Sie dieselbe Korrekturmaßnahme an, wenn Küchen- und Toilettentür sich direkt gegenüberliegen. (Toilettenluft steht, Küchenluft ist »rührig«, folglich prallen Yin und Yang aufeinander.)

Rundbögen gehören in Tempel und Kirchen. In Familienhäusern sind sie weder der Gesundheit noch der Umgänglichkeit förderlich. Im Gegenteil, sie verursachen familiäre Streitigkeiten und untergraben das Wohlbefinden.
Gute Nachrichten: Bogenformen unterstehen dem Element Metall, und da *Metall* dem Westen zugeordnet ist und im gegenwärtigen Zwanzig-Jahres-Zyklus, von 1984 bis 2003, der Westen die glückverheißende Richtung (Tong Wan) ist, schaden Bögen nicht. Ab dem Jahr 2004 wirken sich Bogendurchgänge im Wohnbereich jedoch ungünstig aus.

Liegt genau gegenüber der Wohnungstür ein *Lift*, ist das für die Bewohner ungünstig. Sein ständiges Öffnen und Schließen beeinträchtigt ihr Wohlergehen und Glück.
Korrektur: einen Konvexspiegel über der Wohnungstür auf-

hängen, um die Einflüsse des Lifts abzulenken, und die Türschwelle 5 cm hoch legen.

|

Führt *direkt* von der *Haustür* eine Treppe hinauf, werden die
Bewohner Gesundheitsprobleme haben.
Korrektur: die Türschwelle auf gut 5 bis 8 cm erhöhen.

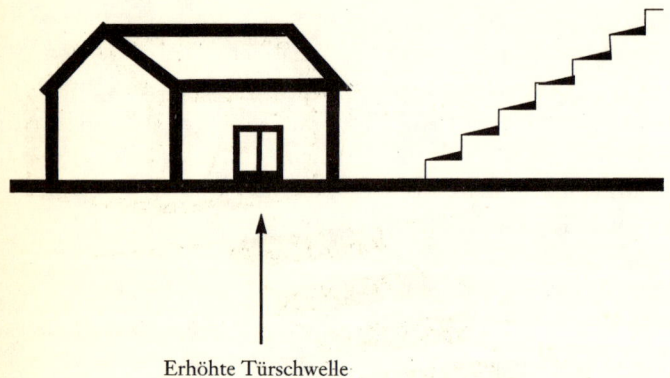

Erhöhte Türschwelle

2

Führt *direkt* von der *Haustür* eine Treppe hinunter, rollt das Geld direkt aus der Haustür diese hinab – die Bewohner werden sich schwertun, die Früchte ihrer Arbeit zu genießen. Leihen Sie kein Geld aus, auch nicht einem Freund, oder Sie verlieren beides, den Freund und das Geld.
Korrektur: einen Konkavspiegel über der Tür aufhängen. Dieser zieht das Geld an und hält es im Haus.

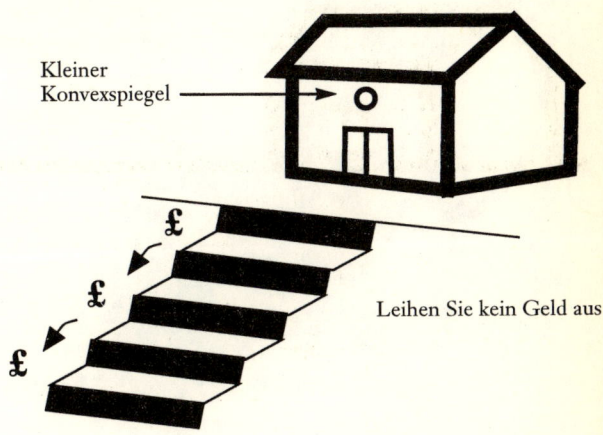

Kleiner
Konvexspiegel

Leihen Sie kein Geld aus

Die Wechselwirkung zwischen den Elementen

Im Feng Shui ist alles, die Menschen eingeschlossen, den Fünf Elementen (oder Fünf Wandlungsphasen) zugeordnet: Holz, Feuer, Erde, Metall und Wasser.

Verträglichkeit

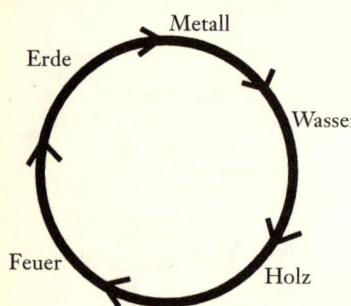

Diese »Elemente« sind nicht als reale Substanzen zu verstehen, sondern symbolisieren Kräfte, die sich gut oder schlecht miteinander vertragen oder auch, je nach Kombination, neutral zueinander verhalten.

Unverträglichkeit

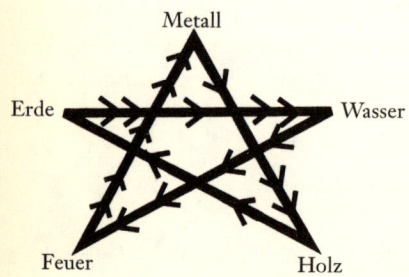

Verträglichkeitszyklus

Holz nährt *Feuer*.
Feuer schafft *Erde* (vulkanische
Tätigkeit bringt Inseln hervor).
Erde birgt *Metall*.
Metall erscheint im *Wasser*.
Wasser vermehrt *Holz*.

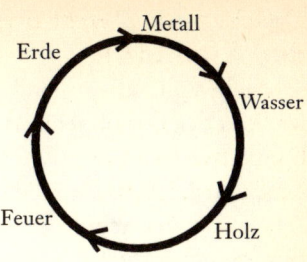

Unverträglichkeitszyklus

Holz höhlt *Erde* aus.
Erde saugt *Wasser* auf.
Wasser löscht *Feuer*.
Feuer zerfrißt *Metall*.
Metall fällt *Holz*.

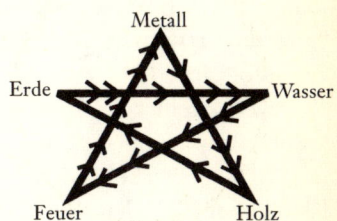

Hat man die Wechselwirkung der Fünf Elemente einmal ver-
standen, werden Feng-Shui-Probleme erkennbar und damit
lösbar. Ist Ihr Element zum Beispiel das *Wasser*, wird das über-
mäßige Tragen von *Holz*-Farben (zum Beispiel Grün) Ihre
Energie verbrauchen, da *Holz* (Bäume) *Wasser* aufsaugt. Andererseits höbe das *Metall*-Element Ihr *Wasser*-Element hervor, so daß Sie, zu einem Interview etwa, bewußt weiße oder
goldfarbene Kleidung tragen könnten.

Bedenkt man, daß Feng Shui mit der Wechselwirkung von
Erde, Sonne, Klima, Mond, Sternen und Menschen zu tun
hat, wird deutlich, daß auch die Wohnungseinrichtung mit
den Grundfarben der Elemente (nämlich Metall, Holz, Erde,
Feuer, Wasser) harmonieren muß. Zur Herstellung des

Gleichgewichts können Formen, Licht und Klang gezielt eingesetzt werden.
Deshalb sollten Form und Farbe der Haustür den Grundelementen der Bewohner entsprechen.

Um ein Beispiel zu geben: In einer Familie war der Sohn schlecht in der Schule geworden und ständig krank. Der Unheilbringer war die Haustür, die nach *Norden* ging und daher zum Element *Wasser* gehört. Aber sowohl die Haustür als auch der Abstreifer waren *grün*, also von einer Farbe, die zum Element *Holz* gehört. Der Norden war auch die Richtung des Jungen, der wegen dieser *Holz-Wasser*-Kollision Schwierigkeiten bekam.

Korrektur: weißer Anstrich der Haustür (die Farbe des Elements *Metall*) und Austausch des grünen Abstreifers mit einem blauen (Farbe des Elements *Wasser*). Diese das *Wasser*-Element fördernden *Metall*- und *Wasser*-Farben sollten die Probleme des Jungen lösen.

Im Feng Shui gibt es acht *Standorte*, die mit den Fünf *Elementen* harmonieren.

Gehen Sie vor die Haustür:

sie schaut nach	gehört zu	Farben
Osten oder *Südosten*	Holz	Hellgrün, Smaragdgrün
Süden	Feuer	Rot, Lila, Orange
Südwesen oder *Nordosten*	Erde	Gelb, Braun
Westen oder *Nordwesten*	Metall	Weiß
Norden	Wasser	Schwarz, Blau

Zu Haustüren in Nordlage

passen am besten *Metall-* und *Wasser*-Farben (Weiß und Schwarz/Blau).

Erde- und *Holz*-Farben vermeiden (Gelb/Braun und Hellgrün/Smaragdgrün).

Die *Feuer*-Farben Rot/Lila/Orange verhalten sich neutral.

Zu Haustüren in Südlage

passen am besten *Holz-* und *Feuer*-Farben (Hellgrün/Smaragdgrün, und Rot/Lila/Orange).

Wasser- und *Erde*-Farben vermeiden (Blau/Schwarz und Gelb/Braun).

Die *Metall*-Farbe Weiß verhält sich neutral.

Zu Haustüren in Südwest- oder Nordostlage

passen am besten *Feuer-* und *Erde*-Farben (Rot/Lila/Orange und Gelb/Braun).

Holz- und *Metall*-Farben vermeiden (Hellgrün/Smaragdgrün und Weiß).

Die *Wasser*-Farben Blau/Schwarz verhalten sich neutral.

Zu Haustüren in West- oder Nordwestlage

passen am besten *Erde-* und *Metall*-Farben (Gelb/Braun und Weiß).

Feuer- und *Wasser*-Farben vermeiden (Rot/Lila/Orange und Schwarz/Blau).

Die *Holz*-Farben Hellgrün/Smaragdgrün verhalten sich neutral.

Zu Haustüren in Ost- oder Südostlage

passen am besten *Holz-* und *Wasser*-Farben (Hellgrün/Smaragdgrün und Grauschwarz/Blau).

Metall- und *Feuer*-Farben vermeiden (Gold/Weiß und Rot/Lila/Orange).

Die *Erde*-Farben Gelb/Braun verhalten sich neutral.

In einem anderen Fall waren bei einer Frau in ihrem Haus ständig die Waschmaschine und andere Elektrogeräte defekt, und seit einiger Zeit schien sie selbst leicht zu stürzen. Problem: Die Dachecke des gegenüberliegenden Hauses zeigte genau auf ihre Haustür. Im Winkel wäre es nicht schlimm gewesen. Die Haustür schaute nach Südosten, der auch ihre persönliche Richtung war, was zu jenen Vorkommnissen führte. *Korrektur:* zur Abwehr des Einflusses einen »Keiloon« (siehe Seite 82) an der Haustürinnenseite und draußen über der Haustür einen runden Konvexspiegel aufhängen (Minimierung des Einflusses).

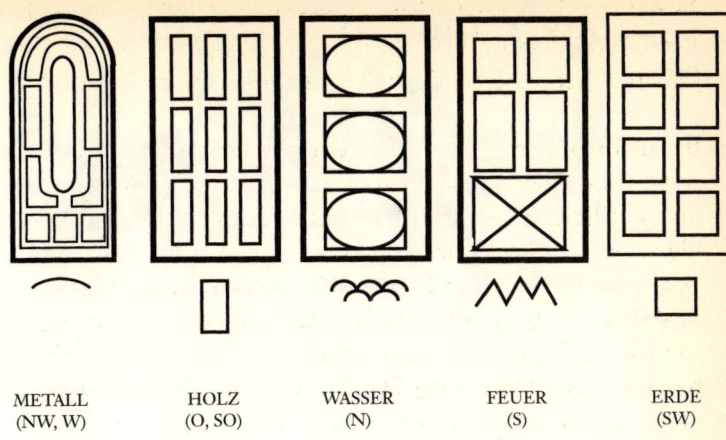

METALL	HOLZ	WASSER	FEUER	ERDE
(NW, W)	(O, SO)	(N)	(S)	(SW)

Kennt man einmal die Wechselwirkung der Fünf Elemente, lassen sich leicht förderliche Türmuster auswählen.

7 Die Wohnungseinrichtung

Feng Shui und Reichtum

Wer glaubt, Feng Shui überhäufe einen nur so mit Reichtümern, täuscht sich leider. Feng Shui hilft uns, das aufzufinden, was uns zusteht, noch bevor wir an den Schläfen ergrauen. Es kann uns jedoch mit nichts versorgen, das uns nicht zusteht.

Aber natürlich kann Feng-Shui zu unserem Glück beitragen.
Wer zum Beispiel von Geburt an eine schlechte Lebenslinie hat, sich aber mit seinen Lebensumständen arrangiert, wird positiv denken und dadurch eine sehr gute Ausstrahlung haben, die sich auf andere überträgt. Und weiß er dies zu nutzen, wird er wirklich weiterkommen. Umgekehrt kann jemand mit einer guten Lebenslinie, wenn er nur untätig darauf wartet, mit Reichtümern überschüttet zu werden, sein ganzes Leben verschlafen.

Zur Verbesserung und Anhebung der finanziellen Situation:
die Toilettentür stets geschlossen halten,
die Haustür vom Eßzimmer und den gegenüberliegenden Zimmern abschirmen, sonst verschwindet das Geld durch sie,
den Boden im Eingangsbereich aufgeräumt halten.

Feng Shui und Liebe

Um eher »den Mann/die Frau fürs Leben« oder auch »irgend jemanden« kennenzulernen, sollten Sie Ihre Vase in dem Hausabschnitt aufstellen, der mit der Himmelsrichtung Ihres Geburtsjahres (siehe Vasenplazierungstabelle) korrespondiert. Die Vase mit Wasser füllen und nicht vergessen, es alle paar Tage auszuwechseln.

Und sollte dieser Jemand schließlich bei Ihnen einziehen, um mit Ihnen zusammenzuleben (oder Sie bei ihm/ihr), kann die Vase nach Belieben umgestellt werden.

Feng Shui und Heirat

Das Eheglück steht jenen offen, die Streitigkeiten am Tagesende begraben oder sogar einen »Waffenstillstand« schließen können.

Schauen Sie Ihre persönliche Feng-Shui-Richtung auf den Seiten 83 ff. nach.

Stellen Sie Ihr Bett in Abschnitt 1, 2, 3 oder 4 des betreffenden Kreisdiagramms (Seiten 93 ff.) auf.

Geburtsjahrtabelle zur Vasenplazierung

1941	S	1961	S	1981	S
1942	O	1962	O	1982	O
1943	N	1963	N	1983	N
1944	W	1964	W	1984	W
1945	S	1965	S	1985	S
1946	O	1966	O	1986	O
1947	N	1967	N	1987	N
1948	W	1968	W	1988	W
1949	S	1969	S	1989	S
1950	O	1970	O	1990	O
1951	N	1971	N	1991	N
1952	W	1972	W	1992	W
1953	S	1973	S	1993	S
1954	O	1974	O	1994	O
1955	N	1975	N	1995	N
1956	W	1976	W	1996	W
1957	S	1977	S	1997	S
1958	O	1978	O	1998	O
1959	N	1979	N	1999	N
1960	W	1980	W	2000	W

Das Schlafzimmer

Da man täglich sieben bis acht Stunden im Bett verbringt, verbindet man mit dem Schlafzimmer verständlicherweise Ruhe und Erholung. Folglich tragen Betten, Beleuchtung, Schränke und Toilettentische wesentlich zu einer harmonischen Wohnatmosphäre bei.

Im Feng Shui ist ein *rundes* Kopfende dem Element *Metall* zugeordnet. Eine besonders gut geeignete Form für alle, die im Büro arbeiten *und* Metall als persönliches Element haben – denn dadurch verdoppeln sie den Feng-Shui-Effekt.

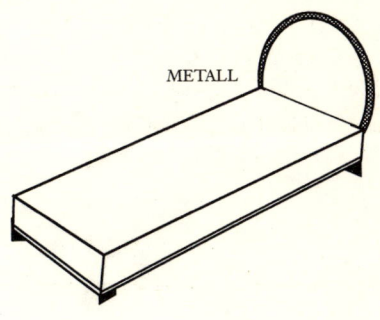

METALL

Quadratisch/rechteckig
ist den Elementen *Holz* und *Erde* zugeordnet;
gut für Profisportler und -künstler, Fach- und Geistesarbeiter,
Freiberufler.
Man orientiere sich an seinem persönlichen Kreisdiagramm.
Steht im Innenkreis zum Beispiel »Holz«, dann paßt dieser
Kopfendetyp für Sie.
Die Kopfendenform ist nicht allzu wichtig – mehr ein Unter-
haltungsthema. Wirklich wichtig ist, daß man sein Bett im
passenden Zimmerabschnitt aufstellt (in Abschnitt 1, 2, 3 oder
4 des persönlichen Kreisdiagramms).

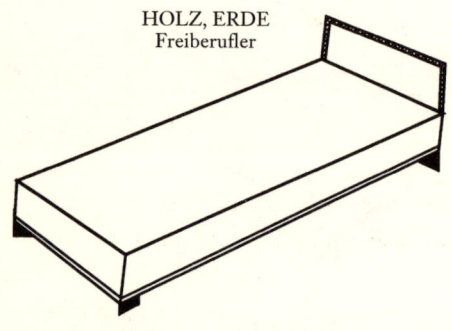

HOLZ, ERDE
Freiberufler

Rund/gebogen
ist dem Element *Metall* zugeordnet.
Nichts für Bauunternehmer und -handwerker;
am besten geeignet für Angestellte, die mit Schreibarbeiten zu
tun haben.

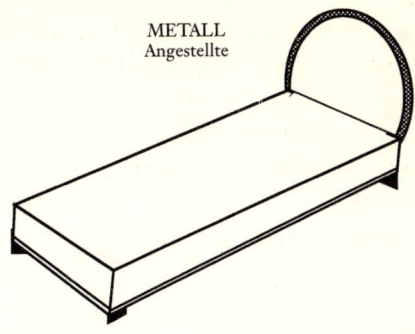

METALL
Angestellte

Oval/wellig
ist dem Element *Wasser* zugeordnet.
Künstlern, Musikern und Designern vorbehalten.

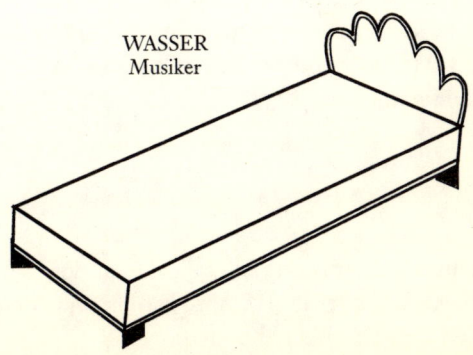

WASSER
Musiker

Zickzack
ist dem Element *Feuer* zugeordnet.
Für niemanden geeignet.

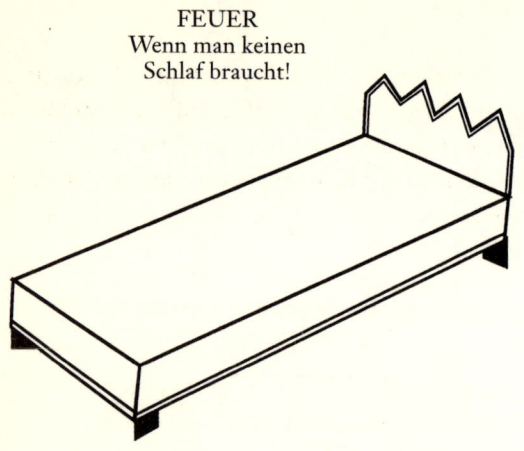

FEUER
Wenn man keinen
Schlaf braucht!

Stockbetten

Wer im oberen Bett schläft, darf im Sitzen nicht mit dem Kopf an die Decke stoßen, sonst wird er gesundheitliche Probleme bekommen. Matratzenoberseiten sollten etwa 40 cm vom Boden entfernt sein.

Uhren

Eine Uhr unmittelbar hinter oder direkt vor dem Schläfer bedeutet schlechtes Feng Shui. Uhren kann man neben das Bett stellen, aber nicht im Bauchbereich.

Auf Schreibtischen sollten keine Uhren stehen. Wer am Schreibtisch arbeitet, sollte nicht direkt auf eine Uhr schauen.

Glühbirnen

Glühbirnen direkt über dem Kopfende des Bettes machen den Schläfer zu einem Nervenwrack, und hängen sie über der Bettmitte, werden sie Bauchbeschwerden verursachen.
Korrektur: Lampe versetzen, so daß sie neben dem Bett hängt, wo sie nicht stört.

Keine Glühbirne
über dem Bett

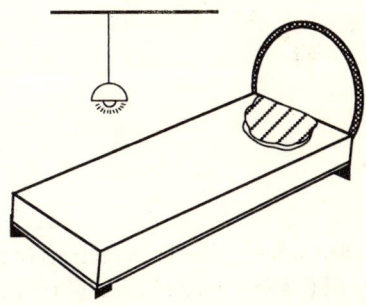

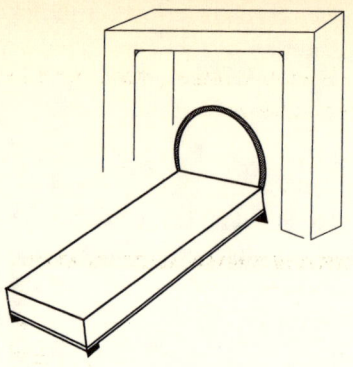

Kaminsims

Sind Betten unter den Kaminsims gestellt, auch wenn es sich nur um ein Kamindekor handelt, wird dem Schläfer der Erfolg abgehen.

Korrektur: den Kaminsims rechts und links mit sechs Goldmünzen bestücken.

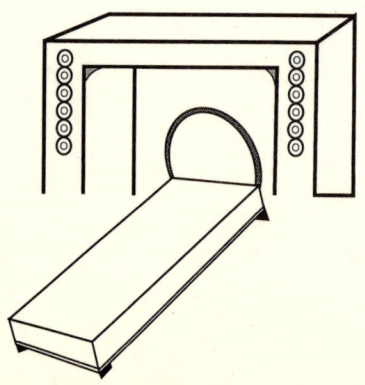

Toilettentisch

Toilettentische beeinträchtigen stark die Gesundheit, wenn
sie am Fußende des Bettes stehen.

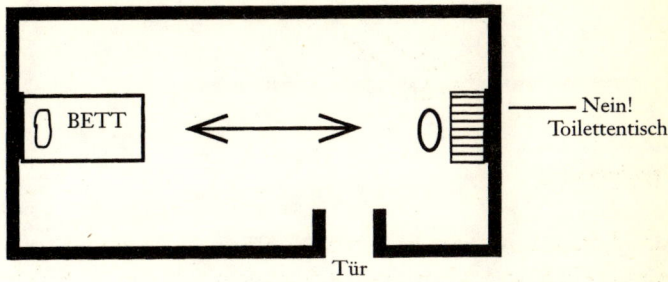

Nein!
Toilettentisch

Tür

Wenn sich die Haus- oder Wohnungstür direkt gegenüber der Schlafzimmertür befindet, macht dies den Schlafzimmerbenutzer für Gerichtsverfahren anfällig.

Korrektur: Ein kleines Ornament oder ein Möbelstück so plazieren, daß der Ch'i-Fluß von der Haustür zum Schlafzimmer unterbrochen wird.

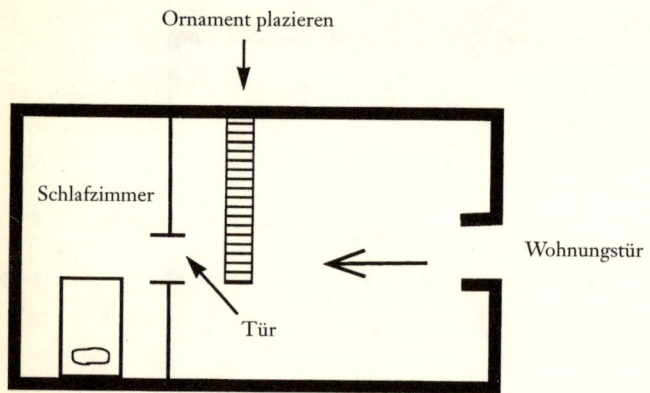

Schreibtische stehen mit der beruflichen Laufbahn in Verbindung.

Schränkchen und Regale über Schreibtischen sind akzeptabel, wenn sie als Aufsätze konzipiert sind, aber ansonsten wirken Regale über dem Schreibtisch auf dessen Benutzer bedrückend. Die Position der »vier grünen Sterne« ist für Geistesarbeit maßgebend.

Sie ändert sich jährlich. Folglich sind die Plätze für Examensvorbereitungen:

1993:   SW
1994:   O
1995:   SO
1996:   MITTE
1997:   NW
1998:   W
1999:   NO
2000:   S
2001:   N

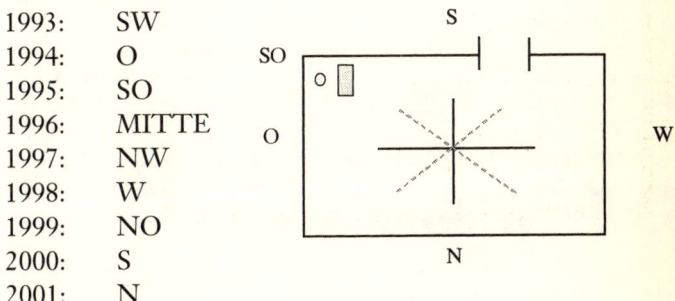

Steht der Schreibtisch direkt gegenüber der Tür, führt das zu Atemwegsbeschwerden und Konzentrationsstörungen.

Sitzt man mit dem Rücken zu nahe an der Tür, schlägt sich das auf die Prüfungsleistung nieder.

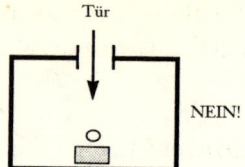

Setzen Sie sich mit dem Rücken zur Wand. Ecken sind gute Schreibtischstellplätze.

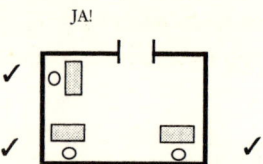

Stützbalken direkt über dem Kopf oder dem Schreibtisch bedrücken und machen müde.
Eine Lampe direkt über dem Kopf macht benommen.

Die Tür sollte vom Stuhl nicht verstellt werden.

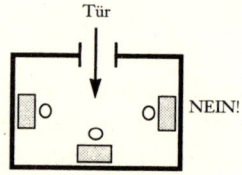

Sich nicht zu nahe ans Fenster setzen.
Stellen Sie sich, wenn Sie einen Raum einrichten, zunächst in seine Mitte.
Schauen Sie dann zur Tür. Jetzt befindet sich links der kräftige Drachen und rechts der schlafende Tiger.

Stellen Sie Dinge, die ständig in Gebrauch sind (Uhr, Heiz-körper und Elektrogeräte) mehr auf die linke Seite, weil sie die Drachenseite ist und Kraft symbolisiert. Die Wand gegenüber der Tür gehört zum Tigerbereich, in dem eine ruhige Atmo-sphäre herrschen soll.

Diele/Flur

Ein Schuhschrank darf neben der Haustür stehen, wenn er nicht zu hoch ist. Im Feng Shui wird jeder Raum in drei Ebe-nen unterteilt betrachtet:

Erde,
Mensch
und Himmel

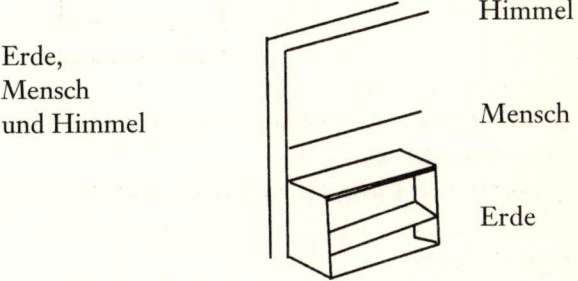

Himmel

Mensch

Erde

Schuhe ziehen *Erde* an,
reicht also der Schuhschrank in die *Mensch*-Ebene hinein, wird das der Gesundheit der Familienmitglieder abträglich sein.

Das Wohnzimmer

Da das Wohnzimmer der Ort ist, an dem sich die Familienmitglieder treffen, ist es voller *Yang*. Uhren, Fernseher, Klimaanlage und Heizkörper wirken aufgrund ihres Dauergebrauchs beherrschend.

Das Wohnzimmer ist dem Element *Metall* zugeordnet. Eine runde goldene oder weiße Uhr (keine silberne oder verchromte) auf der *West-* oder *Nordwest*-Seite des Wohnzimmers wird der Familie sehr viel Glück bescheren.

Überhaupt ist in einem Zimmer der beste Uhrenplatz links neben der Tür.

Gemälde für das Wohnzimmer

Fische im Wasser bedeuten Langlebigkeit.
Drei Lämmer stehen für Licht, Heiterkeit und daher Glück.
Landschaften, die Sonnenaufgänge, Berge, Wasser, Pfingstrosen zeigen, sind ebenso zu empfehlen wie
Porträts mit lächelndem, entspanntem Gesichtsausdruck.

Große Gemälde in zu dunklen oder grellen Farben oder mit Darstellungen bösartiger Tiere bedeuten schlechte Gesundheit.
Geometrische Abbildungen, die fast einfarbig sind, machen destruktiv.
Ein *Sonnenuntergang* ruft Lethargie und Lebensende- bzw. Grabesnähegefühle hervor (ein *Wasserfall* hingegen Glück).
Übermäßig viel *Rot* macht einen auf Dauer überhitzt und reizbar. Gut für Tempel.
Sehr *große Porträts* von verstorbenen Familienmitgliedern

machen die Bewohner zu rückwärts gewandt. Zur Entwicklung von Lebensfreude braucht man positive Anregungen.

Pflanzen für das Wohnzimmer

Spitze, stachelige Blätter:	schlechte Gesundheit.
Grünes Laub, Blüten:	gut; allerdings verwelkte Blüten immer entfernen.
Plastikpflanzen:	neutral, ohne Feng Shui-Effekt.

Glockenspiele

Glockengehänge an der Haustür ziehen das Unglück an, wenn diese im *Nordosten* oder *Südwesten* liegt.

Andenken

Reiseandenken wie Waffen und Teppiche müssen ihren richtigen Platz bekommen, wenn sie kein Unglück anziehen sollen.

Dem *Metall* zugeordnet sind sowohl der *Nordwest*-Abschnitt des Wohnzimmers als auch Waffen. Bei zuviel Metall werden die Familienmitglieder für kleine Verletzungen an den Gliedmaßen anfällig.

Waffen statt dessen im neutralen *Ost-* oder *Südost*-Abschnitt aufstellen.

Rote Teppiche und sehr in Rot gehaltene Bilder von über 1,20 m Größe sollte man nicht im *Nordwest*-Abschnitt aufhängen, der zum *Metall* gehört. Rot ist die Farbe des Feuers; Feuer schmilzt Metall. Der *Osten* und *Südosten* gehört zum *Holz*, *Feuer* verbrennt *Holz*, folglich sind es für rote Teppiche und rote Bilder ungünstige Plätze.

Neutrale Plätze sind der *Süden* (der auch zum *Feuer* gehört) und *Norden* (der zum *Wasser* gehört und daher das *Feuer* in Schach hält).

Das Eßzimmer

Es ist nicht ratsam, zwei Zimmer durch einen Eßtisch zu trennen.
Weist ein Eßtisch auf eine Toilettentür, erhält er zuviel Yin, was die Gesundheit beeinträchtigt.
Eßtische sollten nicht direkt gegenüber der Haustür stehen.
Ein Eßtisch, der direkt zur Küche oder in den Küchenbereich weist, nimmt zuviel Yang auf und führt bei den Mahlzeiten zu schlechter Laune.

Im Eßzimmer sind Klimaanlage, Heizkörper und Ventilator von der Tür aus gesehen links am besten aufgehoben.

Die Küche

Die Küche ist eng mit der Gesundheit verbunden. Als Ort der Nahrungszubereitung wird hier zweifellos das körperliche und somit auch persönliche Wohlbefinden beeinflußt. So kann durch die Anordnung der Kücheneinrichtung der freie Energiefluß eingeschränkt, behindert oder aber auch gefördert werden. Ein Fenster gegenüber der Küchentür ist in Ordnung, doch sollten der Boiler und ständig gebrauchte Elektrogeräte von der Tür aus gesehen links im Raum stehen. Gegenwärtig, von 1984 bis 2003, ist ein *Südwest*-Zimmer für die Küche am ungünstigsten. Sollte sich in einer solchen Küche der Kamineinsatz oder Herd noch zufällig im *Südwest*-Abschnitt befinden, werden die Bewohner sehr viel mit Verdauungsbeschwerden zu tun haben.

Korrektur: den Küchenherd umstellen. Wenn das nicht möglich ist, plaziere man einen kleinen Spiegel so, daß sein Spiegelbild in eine andere Ecke der Küche geworfen wird.

Die Küche untersteht dem Element *Feuer*.
Der Nordteil des Hauses dem *Wasser*.
Der Osten und Südosten dem *Holz*.
Da das Feuer beim Kochen Wasser braucht und Holz es am Brennen hält, sollte sich die Küche im *Nord-*, *Ost-* oder *Südost*-Teil des Hauses befinden.

Der *Nordosten* untersteht dem Element *Erde*, das sich neutral verhält.
Der *Südwest*-Teil ist, wie schon erwähnt, kein guter Platz für die Küche.

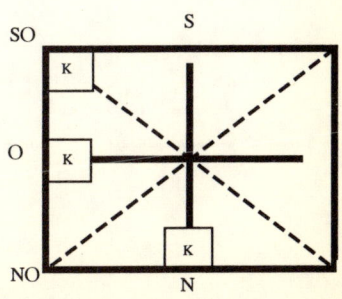

Herd

Deutet der Spülenwasserhahn auf den Herd, führt das zu Magenbeschwerden.
Wasserleitungen dürfen unterm Herd verlaufen, aber nicht gleich unterm Boden.
Regale über dem Herd müssen mindestens 90 cm Abstand zu ihm haben.

Kühlschrank

Die Kühlschranktür und die Backofentür sollten sich nicht zur Küchentür hin öffnen. (Der Kühlschrank ist nämlich Yin und kollidiert mit den eintretenden Menschen, die Yang sind.) Weiter sollte der Kühlschrank dem Herd nicht direkt gegenüberstehen, da sich Kühlschrankkälte und Herdhitze nicht miteinander vertragen.

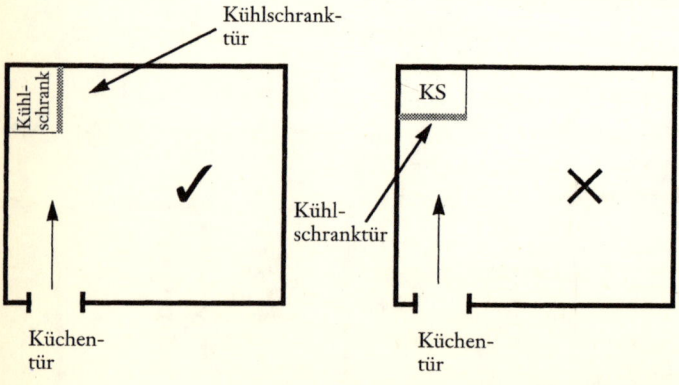

Kühlschranktür
von der Küchentür weg

KS

✓

Kühl-
schranktür

KS

✗

Spüle

Wasserrichtung von 1984 bis 2003 ist der *Osten*. Dort ist momentan für die Spüle der beste Platz.

Am zweitbesten ist der *Südwesten*.

Wasser symbolisiert Geld. Eine Spüle im Westen bedeutet deshalb zum Fenster hinausgeschmissenes Geld.

Reparieren Sie tropfende Wasserhähne stets sofort.

Läßt sich eine schlechtgelegene Spüle unmöglich verlegen, achte man zumindest darauf, den Platz um die Spüle trocken zu halten, solange man nicht gerade abspült. Lassen Sie kein eingeweichtes Geschirr in der Spüle stehen, und schütten Sie Gläserneigen aus.

Kleine Dekorationsgegenstände

Stellt man eine Pferdeplastik im Südabschnitt des Zimmers auf, schlägt sich das stark auf die Gesundheit derjenigen nieder, die im Mausjahr geboren sind, da *Süden* (Feuer) und *Maus* (Wasser) aufeinanderprallen.

81

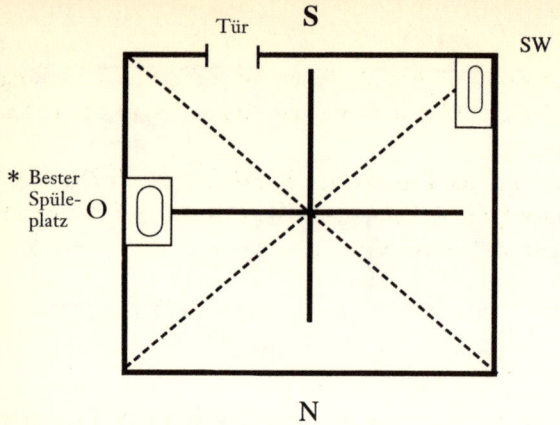

Küchengrundriß mit Spülpositionen

Tiger-Bilder und -Muster sind für alle im Pferde- oder Hundejahr Geborenen unverträglich. Es schadet ihrer Gesundheit und ihrem Glück, weil sie dadurch mehr zu Prozessen und Unfällen neigen.

Ein Feng-Shui-Spruch lautet: »Auf einem Berg können nicht zwei Tiger wohnen.« Für im Tigerjahr Geborene empfiehlt sich folglich kein Tigerschmuck, außer man wird im Berufsleben ständig durch Klatschereien belästigt und behindert.

Affe und Tiger vertragen sich ebenfalls nicht, deshalb wirken sich Tigerbilder und -plastiken auf Gesundheit und Glück des »Affen« negativ aus.

Schildkröten bedeuten andererseits Langlebigkeit.

Elefanten, ob aus Porzellan, Jade oder Metall, eignen sich als Wandschmuck gegenüber der Wohnzimmertür.

Der *Löwe* ist als Geldhüter sehr beliebt – man sollte ihn so aufstellen, daß sein Kopf zur Tür schaut.

Aquarien

Aquarien sind für gesunde Finanzen förderlich, da bewegtes Wasser den Geldfluß in Gang hält. Am besten rechts im Raum aufstellen.

Übrigens sind die kaiserlichen Kleider stets mit *Drachen* bestickt. Der Drache bedeutet Macht. Nicht auf der rechten, machtneutralen Raumseite.

Keiloon

Er ist eine Sagengestalt mit einem gehörnten Löwenkopf, schuppenbedeckten Hirschkörper und einem gelockten Schwanz. Es heißt, daß diese Gestalt böse Menschen frißt. Dies ist also kein passender Türschmuck für Gauner, Diebe und Mörder, weil sie selbst »gefressen« würden.

Gleich bei der Haustür plaziert, Maul Richtung Tür, ist der *Keiloon* der Wächter, der schädliche Einflüsse neutralisiert und sich heilbringend auf das Haus auswirkt.

Ist die Feng-Shui-Position des Hauses ungünstig, mildert der *Keiloon* sämtliche das Haus umgebenden negativen Energien.

Keiloon (Chimäre): Die drei alten, auf den Rücken gebundenen Münzen sind Amulette früherer Herrscher.

Unsere Katzen gehören dem Element Holz an.

Deshalb sind ihre Deckenfarben Blau, Schwarz oder Grün. Kein Rot.

Haustüren, die nach *Nordosten*, *Süden* und *Nordwesten* schauen, machen Katzen sehr stark und gesund.

Nordost- und *Südwest*-Türen sind für Katzen ungeeignet.

Unsere treuen Hunde gehören dem Element *Erde* an.

Metall zehrt an *Erde*, deshalb machen weiße Körbe Hunde krank.

Haustüren, die nach *Nordwesten*, *Osten* und *Süden* schauen, machen Hunde stark, während sie sich bei *Südost-* und *Nordost*-Haustüren kränklich fühlen.

8 Geburtsjahrestabelle für die persönliche Richtung

Ein Haus kann für Sie selbst wirklich günstig sein, ohne daß dies auch für alle anderen Bewohner gelten muß.

Sie können mit Hilfe der Geburtsjahrestabelle der persönlichen Richtung (Seiten 83–87) und dem Kreisdiagramm (Seiten 93–96) feststellen, welche Zimmerlage für wen am günstigsten ist, und entsprechend die Zimmer verteilen. Richten Sie dann den Rest des Hauses entsprechend der persönlichen Feng-Shui-Richtung des Hauptverdieners ein.

Geburtsjahr	(männlich)	(weiblich)
1901	S	NW
1902	NO	W
1903	W	NO
1904	NW	S
1905	SW	N
1906	SO	SW
1907	O	O
1908	SW	SO
1909	N	NO
1910	S	NW
1911	NO	W
1912	W	NO
1913	NW	S
1914	SW	N
1915	SO	SW

Geburtsjahr	(männlich)	(weiblich)
1916	O	O
1917	SW	SO
1918	N	NO
1919	S	NW
1920	NO	W
1921	W	NO
1922	NW	S
1923	SW	N
1924	SO	SW
1925	O	O
1926	SW	SO
1927	N	NO
1928	S	NW
1929	NO	W
1930	W	NO
1931	NW	S
1932	SW	N
1933	SO	SW
1934	O	O
1935	SW	SO
1936	N	NO
1937	S	NW
1938	NO	W
1939	W	NO
1940	NW	S
1941	SW	N
1942	SO	SW
1943	O	O
1944	SW	SO
1945	N	NO
1946	S	NW
1947	NO	W

Geburtsjahr	(männlich)	(weiblich)
1948	W	NO
1949	NW	S
1950	SW	N
1951	SO	SW
1952	O	O
1953	SW	SO
1954	N	NO
1955	S	NW
1956	NO	W
1957	W	NO
1958	NW	S
1959	SW	N
1960	NO	SW
1961	O	O
1962	SW	SO
1963	N	NO
1964	S	NW
1965	NO	W
1966	W	NO
1967	NW	S
1968	SW	N
1969	SO	SW
1970	O	O
1971	SW	SO
1972	N	NO
1973	S	NW
1974	NO	W
1975	W	NO
1976	NW	S
1977	SW	N
1978	SO	SW
1979	O	O

Geburtsjahr	(männlich)	(weiblich)
1980	SW	SO
1981	N	NO
1982	S	NW
1983	NO	W
1984	W	NO
1985	NW	S
1986	SW	N
1987	SO	SW
1988	O	O
1989	SW	SO
1990	N	NO
1991	S	NW
1992	NO	W
1993	W	NO
1994	NW	S
1995	SW	N
1996	NO	SW
1997	O	O
1998	SW	SO
1999	N	NO
2000	S	NW
2001	NO	W
2002	W	NO
2003	NW	S
2004	SW	N
2005	SO	SW
2006	O	O
2007	SW	SO
2008	N	NO
2009	S	NW
2010	NO	W
2011	W	NO

Geburtsjahr	(männlich)	(weiblich)
2012	NW	S
2013	SW	N
2014	SO	SW
2015	O	O
2016	SW	SO
2017	N	NO
2018	S	NW
2019	NO	W
2020	W	NO

Der unterbrochene Pfeil der Kreisdiagramme (auf den Seiten 93–96) zeigt jeweils die ideale Lage für den Wohnsitz an. Sollte Ihr Haus mit der Idealempfehlung nicht übereinstimmen, *ist trotzdem nicht alles »verloren«.* Zudem ist es sehr unwahrscheinlich, daß die Türen in der für diesen Zwanzig-Jahres-Zyklus günstigsten *Luft-* und *Wasser*-Ausrichtung liegen.

Was ist dann machbar?

Die Antwort liegt in der richtigen Plazierung des Bettes und des Schreibtischs. Entfernen Sie diese aus den Bereichen A, B, C und D, und stellen Sie sie innerhalb des Bereichs 1 auf: wenn das unmöglich ist, dann innerhalb der Bereiche 2, 3 oder 4. Ihr Bett ist der Ort, an dem Sie *Kraft tanken,* aus dem Sie entweder »erschlagen« oder erfrischt und »tatendurstig« aufstehen. Kommt dann der Tag, an dem Sie wirklich einmal zur richtigen Zeit am richtigen Ort sind, mag das entscheidend sein.

9 Zwei Berechnungs-
anleitungen

1. Schauen Sie Ihre persönliche Feng-Shui-Richtung in der Geburtsjahrestabelle auf den Seiten 83–87 nach.
2. Suchen Sie als nächstes das Kreisdiagramm mit Ihrer persönlichen Richtung in der Mitte heraus (Seite 93–96).

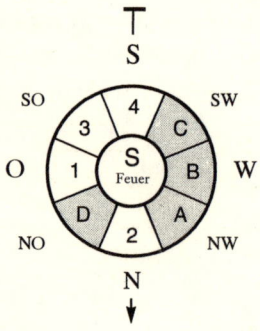

Beispiel einer 1958 geborenen Frau

Eine 1958 geborene Frau hat als persönliche Feng-Shui-Richtung den Süden im Kreisdiagramm stehen, dem das Element *Feuer* zugeordnet ist.

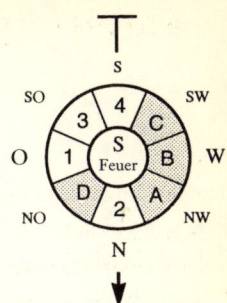

Die von 1 bis 4 bezifferten Richtungen bedeuten günstige Winde, A bis D widrige Umstände (siehe Seite 97)

3. Laut *Kreisdiagramm* ist für eine 1958 geborene Frau ein Haus ideal, bei dem die Haustür nach Norden und die Rückseite nach Süden schaut.

Hat man das Haus bereits gekauft und entspricht es nicht der idealen Richtung, mache man einfach die Tür zum Hauptein-

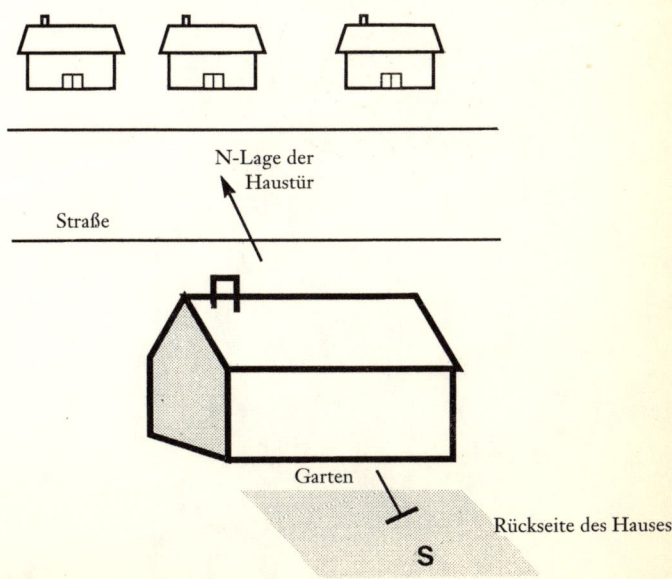

gang, die in der Richtung von Sektion 1, 2, 3 oder 4 des persönlichen Kreisdiagramms liegt.

Beispiel eines 1958 geborenen Mannes

1. Die Feng-Shui-Richtung eines 1958 geborenen Mannes ist der Nordwesten (siehe Seite 85).
2. Suchen Sie das *Kreisdiagramm* (siehe Seite 95) mit der persönlichen Richtung »NW« in der Mitte heraus.
Das *Kreisdiagramm* zeigt: Der Nordwesten, persönliche Feng-Shui-Richtung eines 1958 geborenen Mannes, ist dem Element *Metall* zugeordnet.
Die von 1 bis 4 bezifferten Richtungen bedeuten günstige Winde; die Bereiche A bis D widrige Umstände (siehe Seite 97).

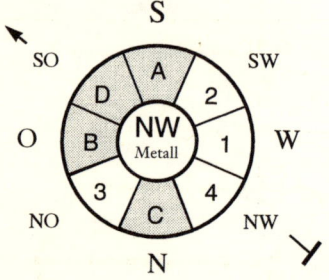

S
SO
SW
O
W
NO
NW
N
A
D
2
B
NW
Metall
1
3
4
C

3. Laut *Kreisdiagramm* ist für einen 1958 geborenen Mann ein Haus ideal, bei dem die Haustür nach *Südosten* und die Rückseite nach *Nordwesten* schaut. Daß der SO-Abschnitt »D« ist, macht hier nichts aus, da SO–NW die ideale Hausausrichtung für einen 1958 geborenen Mann ist. Günstig ist dann die Wahl eines Schlafzimmers mit einer Tür, die in Abschnittsrichtung 1, 2, 3 oder 4 zeigt.

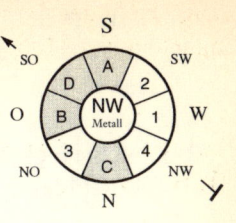

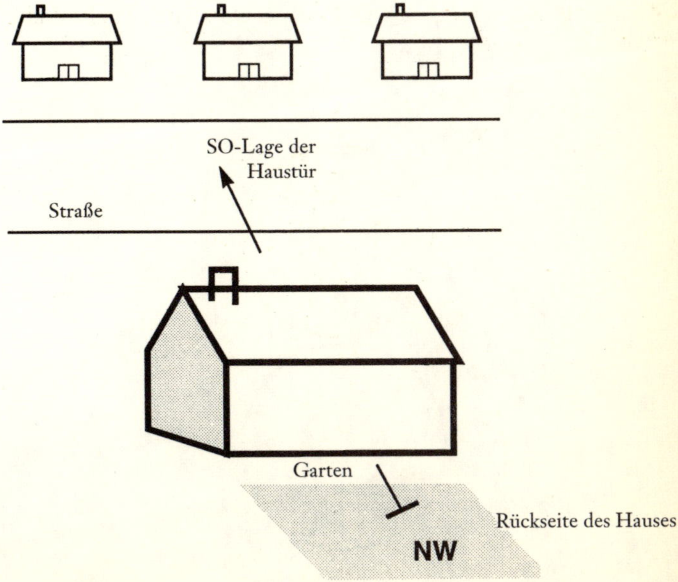

SO-Lage der
Haustür
Straße
Garten
Rückseite des Hauses
NW

4. Um festzustellen, welcher Raum für wen am geeignetsten ist, lege man jeweils das persönliche *Kreisdiagramm* in der Mitte des Hauses hin. Die von 1 bis 4 bezifferten Richtungen geben an, wo sein Schlafzimmer liegen sollte.

5. Richten Sie jetzt die übrigen Räume nach der persönlichen Feng-Shui-Richtung des Mannes aus.

Legen Sie dazu sein *Kreisdiagramm* jeweils in die Zimmermitte.

Die Kreisdiagramme

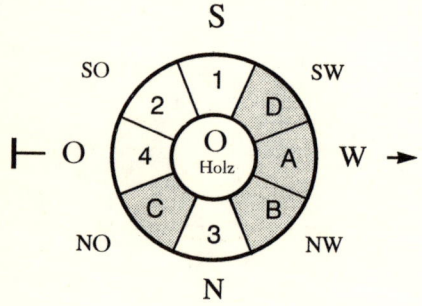

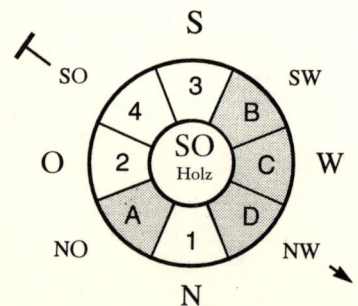

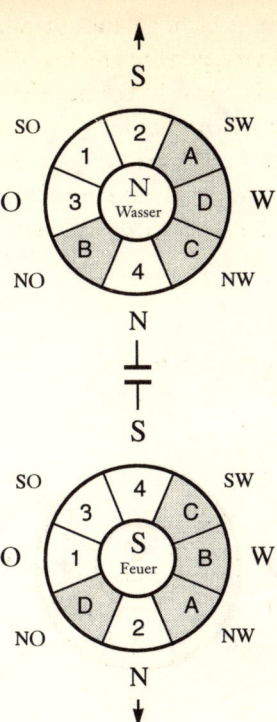

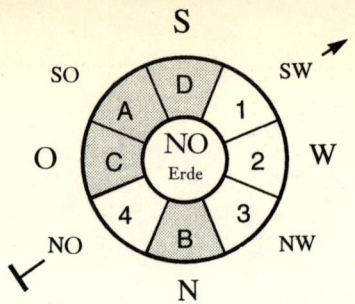

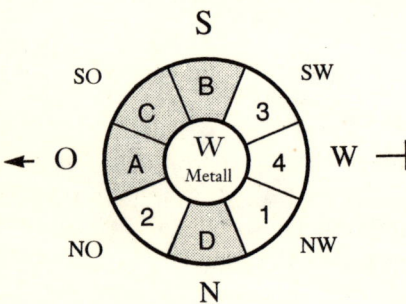

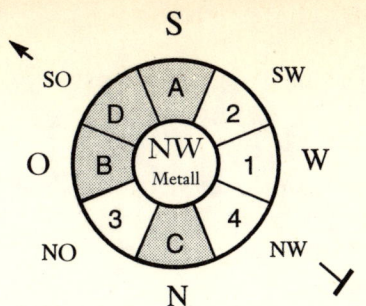

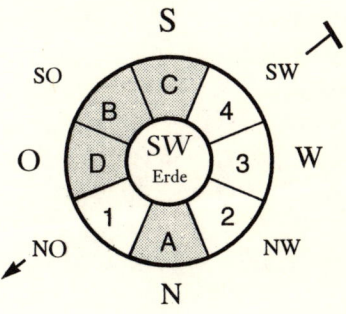

Die Nummern 1 bis 4 stehen für die *Vier Günstigen Winde*. A bis D stehen für die *Vier Widrigen Umstände*.

Die *Günstigen Winde* wirken sich folgendermaßen aus:

1 *Günstiger Wind:*
   hervorragende finanzielle Lage, Gesundheit, Vitalität.
2 *Jährlicher Fortschritt:*
   bedeutet Reichtum, Langlebigkeit, gute Gesundheit.
3 *Guter Arzt:*
   gewährt schnelle Erholung von Krankheiten, die Menschen im persönlichen Umkreis sind hilfreich, die finanzielle Lage ist stabil.
4 *Guter Platz:*
   bietet Reichtum, Glück und Gesundheit im durchschnittlichen Ausmaß.

Die entsprechenden *Vier Widrigen Umstände* bringen folgendes mit sich:

A *Schweres Leben:*
   Armut, Krankheit, manchmal Tod.
B *Fünf Geister:*
   finanzieller Verlust, schlechte Gesundheit, leicht ins Unglück getrieben.
C *Sechs schlechte Einflüsse:*
   immer ins Unglück getrieben, schlechte Gesundheit und finanzielle Lage.
D *Unheil:*
   unfähig, Geld zu sparen, häufig in Streitigkeiten und Gerichtsverfahren verwickelt, wird oft angeschrien.

10 Andere Richtungen —
andere Familienmitglieder

Immer wieder gibt es Phasen, in denen Familienmitglieder eine Pechsträhne haben, krank sind etc. Damit sie leichter ihre Kräfte sammeln, gleiche man das Feng Shui ihres Zimmers aus. Arbeitet der älteste Sohn beispielsweise an der Börse, sollten aus dem Ostteil der Zimmer, in denen er sich am meisten aufhält, gegebenenfalls rote Teppiche entfernt werden.

Osten — Bereich des ältesten Sohnes und der 31- bis 45jährigen Männer im Haushalt.

Südosten — Bereich der ältesten Tochter und der 31- bis 45jährigen Frauen im Haushalt.

Süden — Bereich der Frauen im Alter von 16 bis 30 Jahren.

Südwesten — Bereich der Mutter und der über 46 Jahre alten Frauen.

Westen — Bereich der Mädchen im Alter von 1 bis 15 Jahren.

Nordwesten — Bereich des Vaters und der über 46 Jahre alten Männer.

Norden — Bereich der Männer im Alter von 16 bis 30 Jahren.

Nordosten — Bereich der Jungen im Alter von 1 bis 15 Jahren.

Den verschiedenen Personen sind verschiedene Zimmerabschnitte zugeordnet.

Farben können die mit einem Zimmerabschnitt verbundene Person energetisch unterstützen oder schwächen. Zu den »Einrichtungsgegenständen« zählen in dieser Hinsicht auch Kleinigkeiten, ebenso Tapeten, Teppiche, Vorleger oder Abstreifer. Die entsprechende Farbe muß lediglich vorherrschen.

Richtung	Zugeordnete Personen
OSTEN	Ältester Sohn und 31 bis 45 Jahre alte Männer.
SÜDOSTEN	Älteste Tochter und 31 bis 45 Jahre alte Frauen. Blaue und schwarze Einrichtungsgegenstände verstärken in diesen Zimmerbereichen die Energie der Personen. Hier Rottöne auf ein Minimum begrenzen.
SÜDEN	Frauen im Alter von 16 bis 30 Jahren. *Feuer*-Farben (Rot/Orange/Lila) sind hier am besten. *Wasser*-Dekoration vermeiden (Schwarz und Blautöne).
SÜDWESTEN	Mutter und über 46 Jahre alte Frauen.
NORDOSTEN	Jungen im Alter von 1 bis 15 Jahren. *Erde*-Farben einsetzen (Gelb- und Brauntöne). Weiß und Gold sollten nicht vorherrschen.
WESTEN	Mädchen im Alter von 1 bis 15 Jahren.
NORDWESTEN	Vater und über 46 Jahre alte Männer. Wohltuend sind Weißschattierungen und Gelbtöne. Orange, Rot und Lila sollten nicht vorherrschen.
NORDEN	16 bis 30 Jahre alte Männer. Hilfreich sind hier die Farben Weiß und Gold, Gelb- und Grüntöne dagegen nicht.

Beachten Sie stets, daß im Feng Shui verschiedene Aspekte zu einem komplexen Ganzen vereint sind. Bei der Verwendung von Farben wird zum Beispiel unterschieden zwischen den Farben einer Person (das heißt den Farben ihres persönlichen Elements), den Farben der Himmelsrichtungen (siehe Seite

57, die *Wasser*-Farben Schwarz und Blau passen zu Haustüren in Nordlage) und den Farben der verschiedenen Zimmerbereiche, die nichts mit den persönlichen Elementen der Bewohner zu tun haben (die Tabelle auf Seite 99 zeigt, daß Einrichtungsgegenstände in den *Wasser*-Farben Schwarz und Blau in den Ost- und Südostabschnitt der Zimmer gehören).

Verwechseln Sie diese Anwendungsgebiete nicht miteinander. Es sind getrennte Bereiche.

Und sollten sich die Farben von zwei oder mehr Anwendungsgebieten decken, bleiben diese doch verschieden.

Nehmen wir zum Beispiel einmal an, Sie als ältester Sohn hätten das Feuer als persönliches Element. Folglich unterstrichen die *Feuer*-Farben Rot, Orange und Lila Ihr Element. Sie würden diese Farben bei wichtigen Anlässen tragen. Die *Wasser*-Farben Schwarz und Blau würden nur von Ihrem *Feuer*-Element ablenken. Trotzdem gälte im Zimmerbereich des ältesten Sohnes (das heißt im Ostabschnitt) das Gegenteil: *Wasser*-Farben wären wohltuend. Ausschlaggebend ist hier der Zimmerbereich und nicht das persönliche Element des einzelnen.

14 Allgemeine Feng-Shui-Einrichtungstips

Erinnern wir uns, daß im Feng Shui, ausgehend von der Wechselwirkung der Fünf Elemente, Verhältnisberechnungen zwischen dem Erdenergiemeridian und den Himmelsrichtungen angestellt werden. Durch die Kreiselbewegung der Erdachse ändern sich mit den astralen und magnetischen Einflüssen auch die Energiepfade. Folglich läßt sich durch die Lagekenntnis der Haustür feststellen, welche Energie das Haus in einem bestimmten Jahr oder auch in einem zwanzigjährigen Zyklus beherrschen wird.

Im folgenden finden Sie eine Zusammenfassung, wie sich 1996 bis 1998, gemäß dem chinesischen Kalender beginnend mit dem 10. Februar, die Himmelsrichtungen auf das Zuhause auswirken, unabhängig von den Geburtsdaten und persönlichen Elementen der Bewohner.

Beachten Sie, »Haustür« bezieht sich hier auf den Haupteingang in Ihr Haus/Ihre Wohnung. Dabei ist ganz gleich, ob dieser auf die Straße schaut oder nicht. Mit folgenden Korrekturmaßnahmen lassen sich die negativen Einflüsse um bis zu 80 Prozent korrigieren.

Für das Jahr 1996

Haustür/Schlafzimmertür zeigt nach Osten

1996 führt durch diese Türen der Pfad des »Sterns der schlechten Gesundheit«. Zur Minimierung von Gesundheitsproblemen jeweils sechs Goldmünzen (Messing tut es auch, wichtig ist die Goldfarbe nicht das Material) an den Türpfosten anbringen.

Liegt die Küche im Ostabschnitt der Wohnung, wird dies zu vermehrten Hautproblemen führen. Auf Schonkost achten.

Arbeiten Sie möglichst wenig im Ostabschnitt der Wohnung. Stellen Sie dort keinen Fernseher, kein Sofa und auch kein Aquarium auf.

Ein gutes Jahr für Anwälte und alle im Gesundheitsbereich Tätigen.

Haustür/Schlafzimmertür zeigt nach Südosten

Diese Türstellung bedeutet Zankerei und Streit.

Die Bewohner werden sich in langwierige Streitigkeiten verwickelt sehen. Auch werden andere hinter ihrem Rücken klatschen. Meiden Sie Garten- und Bauarbeiten in der Nähe der Haustür, da dies die Hausbewohner unfallanfällig machen könnte.

Um diese Probleme so gering wie möglich zu halten, legen Sie gleich einen rosa- oder orangfarbenen Abstreifer innen vor die Haustür, und sollten Pflanzen dort stehen, entfernen Sie diese.

Haustür/Schlafzimmertür zeigt nach Süden

Diese Türen sind glückeinladend, besonders für alle Geschäftsleute und Eigentümer. Um dieses Glück zu vergrößern, stellen Sie ein Aquarium (mit sechs Fischen) neben der Haustür auf (ob rechts oder links von ihr, spielt keine Rolle). Entfernen Sie alle metallischen Dekorationen und Pflanzen aus dem Eingangsbereich. Legen Sie statt dessen einen blauen oder schwarzen Abstreifer innen vor die Tür.

Für diejenigen, deren Schlafzimmertür nach Süden schaut, wird es eine unproblematische Zeit geben und sich die finanzielle Situation definitiv verbessern. Zwischen dem 7. November und 6. Dezember 1996 sollten Sie jedoch einen roten Abstreifer vor die Innenseite der Schlafzimmertür legen, um kleinere Unfälle abzuwehren.

Haustür/Schlafzimmertür zeigt nach Südwesten

Diese Lage ist für 1996 glückverheißend, auch in der Liebe. Unverheiratete, die einen neuen Partner suchen, sollten eine große Vase mit einem gemischten Blumenstrauß im Südwestabschnitt des Wohnzimmers aufstellen.

Wer sich einen Jungen als Kind wünscht, sollte das Bett im Südwestabschnitt des Schlafzimmers auf einem blauen Teppich aufstellen.

Haustür/Schlafzimmertür zeigt nach Westen

Menschen, deren Haustür/Schlafzimmertür nach Westen schaut, werden dieses Jahr häufiger verreisen.

Zur Verbesserung der Einkommensverhältnisse eine braune

Fußmatte innen vor die Haustür legen. Zur Glückssteigerung ein Metallpferd im Westabschnitt des Wohnzimmers aufstellen.

Verzichten Sie dieses Jahr auf Aquarien bei sich zu Hause, anderenfalls können finanzielle Verluste auftreten.

Ein positives Jahr für alle in der Reisebranche Tätigen.

Haustür/Schlafzimmertür zeigt nach Nordwesten

Bei Straßenbau-, Bau- oder Gartenarbeiten in der Nähe Ihrer Haustür besteht große Einbruchgefahr. Entfernen Sie alle Dekorationsgegenstände und alles Rot aus dem Eingangsbereich, da sich dies auf Ihre Gesundheit und Ihre finanzielle Lage negativ auswirkt.

Zur Abschwächung dieser negativen Energie und zur Vorbeugung gegen Einkommensverluste die Haustür weiß anstreichen und mit zwei Keiloons flankieren (das Maul des Keiloons muß zur Tür schauen). Legen Sie außerdem gleich eine weiße oder cremefarbene Fußmatte innen vor die Haustür. Stellen Sie Ihr Bett aus dem Nordwestabschnitt heraus, wenn Ihre Schlafzimmertür nach Nordwesten schaut. Ebenfalls aus dem Nordwestabschnitt herausstellen sollten Sie Ihren Schreibtisch, ganz gleich, in welchem Zimmer er steht.

Haustür/Schlafzimmertür zeigt nach Norden

Gute Nachrichten erwarten einen bei diesen Türen. Jetzt ist auch die Gelegenheit, das Bett auf einem roten Teppich im Nordabschnitt des Schlafzimmers aufzustellen, wenn man sich ein Mädchen als Kind wünscht.

Ein fruchtbares Jahr, besonders für alle im Gaststättengewerbe oder in der Unterhaltungsbranche Tätigen.

Verzichten Sie im Eingangsbereich auf rote Teppiche und rote Dekorationen, da dies Ihr Glück schmälern würde. Zum Schutz vor Betrügern ein Keiloonpaar bei der Tür aufhängen. Eine runde Messinguhr, im Nordostabschnitt des Wohnzimmers aufgestellt, bringt noch mehr Glück.

Für das Jahr 1997

Haustür/Schlafzimmertür zeigt nach Osten

Diese Richtung ist 1997 für den Empfang positiver Energie günstig. Mit Glück, Liebe und Reisen ist es gut bestellt. Legen Sie zur Glückssteigerung gleich eine blaue Fußmatte innen vor die Tür.

Haustür/Schlafzimmertür zeigt nach Südosten

1997 können diese Türen (besonders bei Frauen im Alter von 31 bis 45 Jahren) Gesundheitsprobleme verursachen. Für einen Energieausgleich zu beiden Seiten der Südosttür je sechs goldfarbene Münzen anbringen.

Liegt die Küche im Ostabschnitt der Wohnung, auf Schonkost achten.

Arbeiten Sie möglichst wenig im Ostabschnitt der Wohnung. Stellen Sie dort keinen Fernseher, kein Sofa und auch kein Aquarium auf.

Ein gutes Jahr für alle im Gesundheitsbereich Tätigen.

Haustür/Schlafzimmertür zeigt nach Süden

Diese Lage macht die Bewohner 1997 anfällig für Klatsch, Prozesse und Einbruchdiebstahl. Nehmen Sie alle Uhren aus dem Südabschnitt der Wohnung heraus, und arbeiten Sie dort möglichst wenig.
Korrekturmaßnahmen: Setzen Sie sich nicht mit dem Rücken zum Fenster, sondern immer zur Wand/Abschirmung (das wird den Klatsch im Zaum halten), und schaffen Sie sich ein gutes Sicherheitsschloß an.
Legen Sie eine braune oder gelbe Fußmatte innen vor die Tür.

Haustür/Schlafzimmertür zeigt nach Südwesten

1997 ist in dreifacher Hinsicht vielversprechend: finanziell, persönlich und beruflich.
Ein hektisches, aber erfolgreiches Jahr.
Zur Glückssteigerung einen grünen Läufer innen vor die Tür legen.

Haustür/Schlafzimmertür zeigt nach Westen

1997 überwiegt bei diesen Türen die negative Energie.
Zu ihrer Verminderung und zur Vorbeugung gegen Einkommensverluste die Haustür weiß oder cremefarben anstreichen und mit zwei Keiloons flankieren (ihr Maul muß jeweils zur Tür schauen). Gleich eine weiße oder cremefarbene Fußmatte innen vor die Haustür legen. Alle Dekorationsgegenstände, Pflanzen und alles Rot aus dem Eingangsbereich entfernen, da diese sich auf Ihre finanzielle Situation und Ihre Gesundheit ungünstig auswirken.

Dieses Jahr sollten Sie Straßenbau-, Bau- oder Gartenarbeiten in der Nähe Ihrer Haustür möglichst zu unterbinden versuchen. Stellen Sie auch Ihr Bett und Ihren Schreibtisch aus dem Nordwestabschnitt der Wohnung heraus sowie in Zimmern mit einer Westtür.

Haustür/Schlafzimmertür zeigt nach Nordwesten

Auf diese Türen trifft dieses Jahr der Pfad der »Vier grünen Sterne«, deren Energie konzentrierter und kreativer macht und Ausbildung und Karriere fördert.
Stellen Sie bei der Haustür Wasserpflanzen auf. Legen Sie eine grüne Fußmatte vor die Innenseite dieser Türen, und stellen Sie den Schreibtisch aus dem Nordwestabschnitt der Wohnung heraus.

Haustür/Schlafzimmertür zeigt nach Norden

Dies sind die Türen, die für 1997 am meisten Glück verheißen, besonders für alle im Gaststättengewerbe Tätigen. Die positive Energie bringt Wohlstand, Glück und Karrierechancen.
Ein rosafarbener/brauner/gelber Läufer im Eingangsbereich wird sie aktiv halten.

Haustür/Schlafzimmertür zeigt nach Nordosten

Der »Reisestern« sorgt für Reisegelegenheiten. Dies ist auch ein gutes Jahr für einen privaten Umzug oder einen Wechsel der Geschäftsräume.

Legen Sie zur Abwehr einer Anfälligkeit für Gerichtsverfahren eine schwarze oder marineblaue Fußmatte vor die Haustür. Alle im Reisegeschäft oder Kurierdienst Tätigen, Fernfahrer eingeschlossen, werden Einkommensgewinne verzeichnen.

Für das Jahr 1998

Haustür/Schlafzimmertür zeigt nach Osten

Gute Nachrichten winken bei Haus- und Schlafzimmertüren, die nach Osten gehen. Das Glück ist einem hold.
Legen Sie zu seiner Steigerung gleich einen grünen Teppich oder Abstreifer innen vor die Tür.

Haustür/Schlafzimmertür zeigt nach Südosten

Bei Haus- und Schlafzimmertüren, die nach Südosten gehen, werden Sie dieses Jahr viel gute Energie tanken: Glück, Liebe und Reisen.
Legen Sie für mehr Liebe eine blaue Fußmatte vor diese Türen.

Haustür/Schlafzimmertür zeigt nach Süden

Haus- und Schlafzimmertüren, die nach Süden gehen, sind dieses Jahr für alle in der Reisebranche Tätigen glückverheißend.
Aquarien nicht im Südteil der Wohnung aufstellen, das könnte zu Geldverlusten führen. Befestigen Sie zur Glückssteige-

rung jeweils sechs alte München (Bronze) zu beiden Seiten der Tür.

Haustür/Schlafzimmertür zeigt nach Südwesten

Gute Aussichten für Geschäftsleute und Karrieristen: Dieses Jahr verläuft glatt.
Entfernen Sie sämtliche Pflanzen und alles Grün aus dem Eingangsbereich sowie aus dem Schlafzimmer. Ein roter Abstreifer oder ein Aquarium (sechs Fische) im Eingangsbereich erhöht die Chancen.

Haustür/Schlafzimmertür zeigt nach Westen

Fangen Sie die Energie der »Vier grünen Sterne« auf, um die Chancen einer Gehaltserhöhung zu steigern. Dies gilt besonders für Lehrer und Büroangestellte. Legen Sie zu diesem Zweck einen grünen Abstreifer vor die Haustür, oder stellen Sie im Eingangsbereich eine Wasserpflanze auf.

Haustür/Schlafzimmertür zeigt nach Nordwesten

Diese Türlage bringt dieses Jahr Schwierigkeiten und Konflikte, Intrigen eingeschlossen.
Zur Minimierung der Probleme eine rote oder orangefarbene Fußmatte innen vor die Haustür legen und alle Pflanzen aus dem Eingangsbereich entfernen.

Hier ist dieses Jahr Vorsicht geboten: starke Einbruchgefahr! Entfernen Sie sämtliche Dekorationsgegenstände und alles Rot aus dem Eingangsbereich, da sich dies auf Ihre finanzielle Situation schlecht auswirkt. Und seien Sie in geldlicher Hinsicht vor Betrügern auf der Hut.

Hängen Sie bei der Tür ein Keiloonpaar auf, oder legen Sie einen weißen Abstreifer innen vor die Tür.

Haustür/Schlafzimmertür zeigt nach Nordosten

Bei Haus- und Schlafzimmertüren, die nach Nordosten gehen, stehen Gesundheit und Finanzen im Einflußbereich negativer Energie. Vorsicht bei Straßenbau-, Bau- und Grabungsarbeiten in der Nähe der Haustür: starke Einbruchgefahr!

Korrektur: Befestigen Sie entweder sechs alte (Bronze-)Münzen oder einen Keiloon links und rechts neben der Tür.

Wenn Sie diese nicht haben, streichen Sie die Tür weiß an und legen Sie eine weiße Fußmatte innen vor die Tür.

Feng-Shui-Beratungen, -Kurse und -Weiterbildungen werden in Deutschland angeboten von:

Peter Newerla
Schleichersrain 7
71543 Wüstenrot-Stangenbach
Tel.: 07130/3401

Für das Jahr 1999

Haustür/Schlafzimmertür schaut nach Osten Diese Seite zieht günstige Energie an, und wer hinter diesen Türen wohnt, kann mit unverhofften Glücksfällen rechnen. Zur Maximierung dieses Potentials Schreibtisch und Bett in den Ostabschnitt der Wohnung stellen. Gestalten Sie den Eingangsbereich außerhalb erdfarben (Braun- und Gelbtöne).

Haustür/Schlafzimmertür schaut nach Südosten Diese Türlage bringt gute Nachrichten, eine Ehe oder vielleicht auch ein Baby. Verstärken Sie diese Energie, indem Sie eine rote oder lila Fußmatte innen vor die Haustür legen. Möglicherweise stellen Sie auch Ihr Bett auf einen roten Teppich.

Haustür/Schlafzimmertür schaut nach Süden Die Energie an diesen Türen ist negativ. Es empfiehlt sich, in diesem Jahr keine großen Investitionen zu machen. Konzentrieren Sie sich lieber auf Ihre Gesundheit und nehmen Sie sich Zeit zur Erholung, so daß Sie im nächsten Jahr die positiver werdende Energie an diesen Türen mit ganzer Kraft ausschöpfen können. Plazieren Sie zur Abwehr der ungünstigen Energie ein Keiloonpaar (entweder aus Messing oder Kupfer) neben der Haustür.

Haustür/Schlafzimmertür schaut nach Südwesten Zunächst die gute Nachricht: Die finanziellen Aussichten sind optimal. Die schlechte: Dieselbe Energie sorgt für erhöhte Einbruchgefahr. Legen Sie zur Anregung der Geldenergie einen braunen oder gelben Läufer bzw. Abstreifer in den Eingangsbereich.

Haustür/Schlafzimmertür schaut nach Westen 1999 sind Sie das Opfer des Klatsches. Legen Sie zur Abwehr dieser Energie eine rote Fußmatte innen vor die Haustür und entfernen Sie alle Pflanzen aus dem Eingangsbereich. Halten Sie sich möglichst an Menschen, deren Rat glückbringend ist.

Haustür/Schlafzimmertür schaut nach Nordwesten 1999 ist die Energie bei diesen Türen krankmachend. Wer für Husten, Erkältungen und kleinere Beschwerden anfällig ist, wird dieses Jahr besonders stark darunter zu leiden haben. Achten Sie auf eine ausgewogene Ernährung. Der Eingangsbereich sollte nicht mit zu viel Rot ausgeschmückt sein.

Haustür/Schlafzimmertür schaut nach Norden Hier ist die Energie in diesem Jahr bewegungsbezogen, so daß Sie wahrscheinlich umziehen, sollten Sie sich mit derartigen Gedanken für Ihr Zuhause oder Büro getragen haben. 1999 bietet Reisegelegenheiten. Wer mit Kopfschmerzen und Lungenbeschwerden zu tun hat, etwa mit Migräne und chronischem Husten, sollte eine Wasserpflanze bei der Haustür aufstellen.

Haustür/Schlafzimmertür schaut nach Nordosten Rundblättrige, fleischige Pflanzen neben diesen Türen werden Ihnen bei der optimalen Ausnützung dieser Energie für Ihr berufliches Weiterkommen helfen. Steht jedoch ein Lampenpfosten direkt vor oder neben der Haustür, plazieren Sie dort statt der Pflanze eine rote Fußmatte. Stellen Sie zur wissenschaftlichen und künstlerischen Ausschöpfung dieser Energie Ihren Arbeitstisch im Nordostabschnitt ihrer Wohnung auf.

Für das Jahr 2000

Haustür/Schlafzimmertür schaut nach Osten Bewohnern, die durch diese Türen gehen, bringt das Jahr 2000 gesunde Finanzen und Beförderungsaussichten. Stellen Sie zur Verstärkung dieser günstigen Energie eine runde Messinguhr im Ostabschnitt Ihres Wohnzimmers auf.

Haustür/Schlafzimmertür schaut nach Südosten Türen, die in diese Richtung weisen, ziehen sowohl Glück, und Gesundheit als auch Reichtum an. Bringen Sie zur Anregung dieser Energie die heiteren Farben Rot, Orange oder Lila in Ihren Eingangsbereich.

Haustür/Schlafzimmertür schaut nach Süden Im Jahr 2000 werden Sie in kreativer Höchstform sein, da auf diese Türen die Energie trifft, die Wissen und Bildung anregt. Stellen Sie Ihren Arbeitstisch in den Südabschnitt der Wohnung, und hängen Sie im Eingangsbereich ein Landschaftsbild mit blauem Himmel, Wasser und Grünflächen auf.

Haustür/Schlafzimmertür schaut nach Südwesten Ein hektisches Jahr steht bevor, obwohl es weder besonders gut noch besonders schlecht verlaufen wird.

Haustür/Schlafzimmertür schaut nach Westen Hier sorgt die Energie heuer für schlechte Gesundheit aufgrund von Magenbeschwerden und Ekzemen. Ein sehr wirksames Gegenmittel ist es, die Schlafzimmertür mit einem Keiloonpaar aus Messing zu flankieren. Und seien Sie kein solcher Pessimist!

Haustür/Schlafzimmertür schaut nach Nordwesten Für diejenigen, die das Verreisen verschoben haben, ist es jetzt Zeit zum Kofferpacken. Es ist auch ein gutes Jahr für Büroumzüge und

Geschäftsreisen. Allerdings macht diese Energie diejenigen in der Altersgruppe von 16–30 (und auch gesundheitlich labile Menschen) anfällig für Blut-, Nieren- oder Ohrenbeschwerden. Zur Abmilderung das Bett nicht im Nordwestabschnitt des Schlafzimmers stehen lassen, und legen Sie eine grüne Fußmatte innen vor die Tür, sollte Ihre Schlafzimmertür nach Nordwesten gehen.

Haustür/Schlafzimmertür schaut nach Norden Heuer ist hier die Energie negativ. Warten Sie deshalb mit großen Entscheidungen und Hauskäufen auf eine günstigere Energiephase. Plazieren Sie Ihre Keiloons neben der Haustür, um Einbrüche abzuwehren, kramen Sie die Bücher hervor, die Sie schon immer lesen wollten, machen Sie Urlaub, nützen Sie dieses Jahr vor allem zur Erholung.

Haustür/Schlafzimmer schaut nach Nordosten Im Jahr 2000 trifft auf diese Türen »Streit«-Energie. Die Menschen streiten sich mit Ihnen oder reden hinter Ihrem Rücken. Legen Sie innen vor diese Türen eine FEUER-farbene (d. h. rote) Fußmatte, um jenen Ballast zu verbrennen. Entfernen Sie bei diesen Türen die Pflanzen.

Anhang: Die Elemente

Feng Shui beschäftigt sich mit der Wechselwirkung zwischen Menschen, Erde, Sonne, Himmel, Mond und Sternen. Alles – einschließlich der Menschen – ist den fünf Elementen Holz, Feuer, Erde, Metall und Wasser zugeordnet. Und jedes dieser Elemente hat besondere Eigenschaften. Sie können kraftbringend oder schwächend sein, je nachdem, wie sie miteinander interagieren.

Die Eigenschaften der Elemente

Je mehr man in die alte chinesische Kunst des Feng Shui eindringt, desto stärker verweist seine vielseitige Symbolik aufeinander. Die nähere Beschäftigung mit den physischen Eigenschaften der Elemente gibt interessante Hinweise auf ihre psychologischen Assoziationen und energetischen Qualitäten.

Bei der folgenden Elementebeschreibung handelt es sich um Divination. Die Zuordnung hat nichts mit den persönlichen Feng-Shui-Elementen des Kreisdiagramms zu tun.

Holz-Menschen sind starke Persönlichkeiten, jedoch leicht beeinflußbar. Sie sind hilfsbereit, fürchten andererseits aber häufig, daß andere sie bevormunden wollen.

Feuer-Menschen sind äußerst freundschaftliche Menschen und stets zuvorkommend, sie sind aber oft nicht in der Lage, sich um sich selbst zu kümmern.

Erde-Menschen sind herzlich und halten stets ihr Wort. Andererseits haben sie eine Abneigung gegen Ratschläge und entschließen sich oft einmal gerne um.

Metall-Menschen geben das Geld mit vollen Händen aus. Sie sind von Natur aus großzügig, mutig und hilfsbereit. Man erwarte von ihnen aber weder große Zukunftspläne noch Freundlichkeiten bei einem Gesichtsverlust.

Wasser-Menschen sind niemals kleinlich. Sie sind klug und weit vorausschauend, jedoch sind sie oftmals zaghaft.

Wenn Sie also zum Beispiel 1958 geboren sind, dann sehen Sie dieses Jahr in der folgenden Geburtsjahresspalte nach. Ihr chinesisches Sternzeichen ist demnach der Hund, und Sie gehören zu den *Erde*-Menschen. An der Jahreselementspalte können Sie die für Sie günstigsten Jahre ablesen. Für obiges Beispiel wären folglich vor allem die *Erde*-Jahre besonders fruchtbar; zu diesen Zeiten sollten Sie investieren und »powern«.

Geburtsjahr	Chinesisches Sternzeichen	Jahreselement
1921	Hahn	Metall
1922	Hund	Erde
1923	Schwein	Wasser
1924	Ratte	Wasser
1925	Ochse	Erde
1926	Tiger	Holz
1927	Kaninchen	Holz
1928	Drache	Erde
1929	Schlange	Feuer
1930	Pferd	Feuer
1931	Ziege	Erde
1932	Affe	Metall
1933	Hahn	Metall
1934	Hund	Erde
1935	Schwein	Wasser
1936	Ratte	Wasser
1937	Ochse	Erde
1938	Tiger	Holz
1939	Kaninchen	Holz
1940	Drache	Erde
1941	Schlange	Feuer
1942	Pferd	Feuer
1943	Ziege	Erde
1944	Affe	Metall
1945	Hahn	Metall
1946	Hund	Erde
1947	Schwein	Wasser
1948	Ratte	Wasser
1949	Ochse	Erde
1950	Tiger	Holz
1951	Kaninchen	Holz

1952	Drache	Erde
1953	Schlange	Feuer
1954	Pferd	Feuer
1955	Ziege	Erde
1956	Affe	Metall
1957	Hahn	Metall
1958	Hund	Erde
1959	Schwein	Wasser
1960	Ratte	Wasser
1961	Ochse	Erde
1962	Tiger	Holz
1963	Kaninchen	Holz
1964	Drache	Erde
1965	Schlange	Feuer
1966	Pferd	Feuer
1967	Ziege	Erde
1968	Affe	Metall
1969	Hahn	Metall
1970	Hund	Erde
1971	Schwein	Wasser
1972	Ratte	Wasser
1973	Ochse	Erde
1974	Tiger	Holz
1975	Kaninchen	Holz
1976	Drache	Erde
1977	Schlange	Feuer
1978	Pferd	Feuer
1979	Ziege	Erde
1980	Affe	Metall
1981	Hahn	Metall
1982	Hund	Erde
1983	Schwein	Wasser
1984	Ratte	Wasser

1985	Ochse	Erde
1986	Tiger	Holz
1987	Kaninchen	Holz
1988	Drache	Erde
1989	Schlange	Feuer
1990	Pferd	Feuer
1991	Ziege	Erde
1992	Affe	Metal
1993	Hahn	Metall
1994	Hund	Erde
1995	Schwein	Wasser
1996	Ratte	Wasser
1997	Ochse	Erde
1998	Tiger	Holz
1999	Kaninchen	Holz
2000	Drache	Erde
2001	Schlange	Feuer
2002	Pferd	Feuer
2003	Ziege	Erde
2004	Affe	Metall
2005	Hahn	Metall
2006	Hund	Erde
2007	Schwein	Wasser
2008	Ratte	Wasser
2009	Ochse	Erde
2010	Tiger	Holz
2011	Kaninchen	Holz
2012	Drache	Erde
2013	Schlange	Feuer
2014	Pferd	Feuer
2015	Ziege	Erde
2016	Affe	Metall
2017	Hahn	Metall

2018	Hund	Erde
2019	Schwein	Wasser
2020	Ratte	Wasser
2021	Ochse	Erde
2022	Tiger	Holz
2023	Kaninchen	Holz
2024	Drache	Erde

Register

Alpträume 23
Andenken 77
Angelegenheiten, finanzielle 12, 14ff., 31, 52
Aquarium 83, 104ff., 109f.
Ärger 37
Atemwegsbeschwerden 74
Augenkrankheiten 36
Ausstrahlung, gute 62

Baum 28
Berg, guter 35
Berge 34f., 39
Berge, felsige 37
Berge, schlechte 36
Berufsleben 82
Betrug 23
Bett 89
Brandgefahr 25, 30

Ch'i 7f., 11f., 53, 72

Damenunterwäsche 33
Deckenfarben 84
Dekorationsgegenstände 81
Divination 116
Drache, grüner 37
Dreieckskonstruktion 22
Eheglück 63
Einbruchdiebstahl 107
Einbußen, finanzielle 42, 44
Einfahrt, schachtförmige 24
Einrichtungsgegenstände 100
Elektrogeräte 79
Element, persönliches 100ff.
Elemente, fünf 116

Elemente, Wechselwirkung der fünf 102
Energie 33, 57, 102
Energie, positive 106
Energiefluß 79
Energiemeridian 8, 46, 102
Energien, ungünstige 7
Energiestaus 7
Erde 66, 79
Erde-Haus 31
Erde-Menschen 117
Eßtisch 78

Familienmitglieder 84
Familienstreitigkeiten 42
Farben 100f.
Feinde 36
Feng-Shui-Beratung 111
Fenster 32f.
Feuer 68, 79
Feuer-Haus 31
Feuer-Menschen 113
Finanzen, gesunde 83
Freunde 55
Friedhof 23, 29

Garten 33
Gebäude 34, 36
Gebäude, große, hohe 25
Gebrauchsgegenstände 75
Geburtsdatum 8, 30, 102
Geburtsjahrtabelle 85–89
Geburtsjahrtabelle zur Vasenplazierung 64
Geld 55, 81
Geldfluß 34
Gemälde 76

Gestaltungsfaktoren 51
Gesundheit 31, 75, 82
Gesundheit, schlechte 27, 42
Gesundheitsprobleme 54, 103
Glockenspiele 77
Glück 36, 39, 51, 53, 62
Glühbirne 69
Grundelemente 57f.

Harmonie 7f., 32
Haus, gutes 38
Häuser, angrenzende 37
Häuser, Verkaufsgründe bei 30
Hauslage, ideale 40
Haustüren 58ff., 102–111
Haustürposition 48f.
Hautprobleme 36
Herd 80
Herzbeschwerden 21
Himmelsrichtung 102
Hindernisse, äußere 29
Hobbyspekulant 31
Hochspannungsmast 25, 29
Hochstraße 15
Holz 66, 79
Holz-Haus 31
Holzmenschen 116
Hügel 34

Jahreselement 118ff.

Kalender, chinesischer 102
Kamin 29
Kaminsims 70
Karriereaussichten, schlechte 11
Keiloon 60, 83, 105ff., 114
Kinderzimmer 24
Kirche 26
Konzentrationsstörungen 74
Kopfende 65f.
Kräfte, symbolische 56
Krankenhaus 23
Krankheitsgefährdung 9, 20, 23, 25, 98

Kreisdiagramm 90–98
Kreisverkehrsstraße 18
Kreuzungen 16
Kücheneinrichtung 79
Kühlschrank 80
Kuppelformen 24
Lampe 74
Lampenpfosten 27, 29
Lebensenergie 49
Lebenslinie, schlechte 62
Leichenhalle 23
Leistungspotential, volles 24
Liebe 63, 109
Lift 53
Luft, gute 46, 51
Luftformen 46
Lufttabelle 47
Luftzufuhr, freie 50

Magenbeschwerden 36
Masern 36
Metall 65, 67, 76, 77f.
Metall-Haus 31
Metall-Menschen 117

Nachricht, gute 105
Nervosität 39

Park 40, 50
Pechsträhne 99
Pflanzen 33, 77, 110
Puffer 9, 11

Rechtsstreitigkeiten 27
Reichtum 42
Reisestern 108
Richtung 100
Richtung, persönliche 90
Richtungsbestimmungen 48
Richtungswechsel 43
Rundbögen 53

S-Kurve 16
Satellitenschüssel, runde 33
Scheren-Effekt 13
Schlafzimmer 19, 22, 48
Schlafzimmertür 72, 103–111
Schnellstraße 15
Schreibtisch 69, 73f., 89, 105
Schuhschrank 75
Selbstbewußtsein 35
Situation, Anhebung
  der finanziellen 62
Sonnenlicht 19
Spielhalle 33
Springbrunnen 41
Spüle 81
Standorte, acht 58
Sterne, vier grüne 73, 108, 110
Sternzeichen, chinesisches 118f.
Stockbetten 68
Straße, halbkreisförmige 17
Straße, kreisförmige 14
Straße, L-förmige 15, 23
Straßen 34, 39
Streitigkeiten 25, 36, 103
Streitigkeiten, familiäre 53
Streitsucht 19
Streß 39
Stuhl 74

T-Kreuzung 9
Teppich, roter 105f.
Teppiche 77
Tiger, weißer 37
Toilette 53
Toilettentisch 71
Tong Wan 43f., 46, 49f., 53
Tong-Wan-Diagramm 45
Treppe 54f.
Tunnel, unterirdischer 31
Türmuster 61

Uhren 68
Uhrenplatz 76

Umstände, vier widrige 98
Unfälle 30, 82
Unfallgefahr 13, 15, 20
Unverträglichkeit 56
Unverträglichkeitszyklus 57

Verdauungsbeschwerden 79
Verhaltensstörungen 24
Verkehrsrichtung 49
Vermögen 35
Verträglichkeit 56
Verträglichkeitszyklus 57
Vorhänge 33
Vorplatz, großzügiger 39

Waffen 77
Wan 30, 43, 47f., 50
Wandlungsphasen, fünf 56
Wasser 34, 50, 67, 79, 81
Wasser-Haus 31
Wasserformen, fünf 41
Wasserläufe 34
Wasserleitung, unterirdische
  31
Wasserqualität 42f.
Wind 34
Winde, vier günstige 98
Wohlergehen 53
Wohlstand 16f., 31
Wohnungsatmosphäre,
  harmonische 65

Yang 76, 78, 80
Yang-Blockade 32
Yang-Elemente 32
Yin 78, 80
Yin-Elemente 32

Zimmerabschnitte,
  verschiedene 99ff.
Zwanzig-Jahres-
  Zyklus 42ff., 53, 89, 102

Feng Shui

Die uralte Wissenschaft der chinesischen Geomantie

(76073)

(76118)

(76103)

ALTERNATIV HEILEN

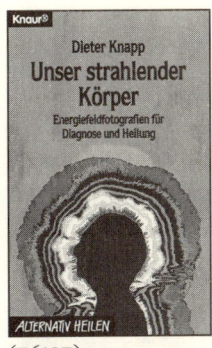

(76127)

(76002)

(76131)

(76080)

(76008)

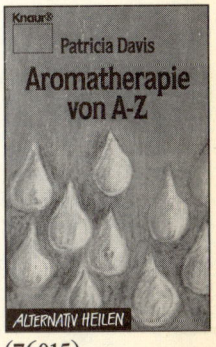

(76015)